O conceito de angústia

Dados Internacionais de Catalogação na Publicação (CIP)
(Câmara Brasileira do Livro, SP, Brasil)

Kierkegaard, Søren Aabye
 O conceito de angústia : uma simples reflexão psicológico-demonstrativa direcionada ao problema dogmático do pecado hereditário / Søren Aabye Kierkegaard ; tradução de Álvaro Luiz Montenegro Valls. 3. ed. – Petrópolis, RJ: Vozes ; 2015.
 (Vozes de Bolso)

 Título original: Begrebet Angest

 5ª reimpressão, 2021.

 ISBN 978-85-326-4190-8

 1. Angústia – Aspectos religiosos 2. Cristianismo – História – Século 19 3. Filosofia dinamarquesa 4. Kierkegaard, Søren, 1813-1855. O conceito de angústia 5. Pecado original – História das doutrinas – Século 19 6. Psicologia religiosa – História – Século 19 I. Título. II. Série.

09-13298 CDD-198.9

Índices para catálogo sistemático:
1. Kierkegaard : Filosofia dinamarquesa   198.9

Søren Aabye Kierkegaard

O conceito de angústia

Uma simples reflexão psicológico-demonstrativa direcionada ao problema dogmático do pecado hereditário
de
VIGILIUS HAUFNIENSIS

Tradução e Posfácio de
Álvaro Luiz Montenegro Valls

Vozes de Bolso

Título do original em dinamarquês: *Begrebet Angest*

© 2010, Editora Vozes Ltda.
Rua Frei Luís, 100
25689-900 Petrópolis, RJ
www.vozes.com.br
Brasil

Todos os direitos reservados. Nenhuma parte desta obra poderá
ser reproduzida ou transmitida por qualquer forma e/ou
quaisquer meios (eletrônico ou mecânico, incluindo fotocópia e
gravação) ou arquivada em qualquer sistema ou banco de dados
sem permissão escrita da editora.

CONSELHO EDITORIAL

Diretor
Gilberto Gonçalves Garcia

Editores
Aline dos Santos Carneiro
Edrian Josué Pasini
Marilac Loraine Oleniki
Welder Lancieri Marchini

Conselheiros
Francisco Morás
Ludovico Garmus
Teobaldo Heidemann
Volney J. Berkenbrock

Secretário executivo
João Batista Kreuch

Diagramação: AG.SR Desenv. Gráfico
Capa: visiva.com.br

ISBN 978-85-326-4190-8

Editado conforme o novo acordo ortográfico.

Este livro foi composto e impresso pela Editora Vozes Ltda.

O tempo das distinções passou, o Sistema o superou. Quem ainda em nossos dias o ama é um tipo raro, cuja alma se prende a algo há muito tempo já desaparecido. Pode ser que seja assim, todavia Sócrates continua a ser quem ele foi, o sábio simples, graças à sua singular distinção, que ele próprio enunciava e realizava perfeitamente, e que somente o excêntrico Hamann[1], dois milênios depois, retomou com admiração: "pois Sócrates foi grande 'porque distinguia entre aquilo que ele compreendia e aquilo que ele não compreendia'".

Ao falecido
Professor Poul Martin Møller[2],

amante feliz do mundo grego,
admirador de Homero,
cúmplice de Sócrates,
intérprete de Aristóteles[3] –
alegria da Dinamarca em sua *Alegria pela Dinamarca*[4],
mesmo tendo "partido para longe"
sempre "recordado no verão dinamarquês"[5] –
minha admiração, minha saudade,

está dedicado
este escrito.

Sumário

Prefácio, 9

Introdução – Em que sentido o objeto da nossa ponderação é uma tarefa que interessa à Psicologia, e em que sentido ele, depois de ter sido a tarefa e o interesse da Psicologia, aponta justamente para a Dogmática, 11

Caput I Angústia como pressuposição do pecado hereditário e como explicando de modo retroativo, na volta à sua origem, o pecado hereditário, 27

§1 Indicações históricas a respeito do conceito de "pecado hereditário", 27

§2 O conceito de "o primeiro pecado", 32

§3 O conceito de inocência, 37

§4 O conceito de queda, 41

§5 O conceito de angústia, 44

§6 Angústia como pressuposição do pecado hereditário e como explicando de modo retroativo, na volta à sua origem, o pecado hereditário, 50

Caput II Angústia na progressão do pecado hereditário, 57

§1 Angústia objetiva, 62

§2 Angústia subjetiva, 66

Caput III Angústia como consequência deste pecado que consiste na ausência da consciência do pecado, 90

§1 Angústia da falta de espírito, 100

§2 Angústia dialeticamente determinada no sentido de destino, 104

§3 Angústia dialeticamente no sentido de culpa, 112

Caput IV Angústia do pecado ou angústia como consequência do pecado no indivíduo, 121

§1 Angústia diante do mal, 122

§2 Angústia diante do bem (o demoníaco), 128

Caput V Angústia como o que salva pela fé, 168

Posfácio (Álvaro L.M. Valls), 178

Notas de rodapé, 187

Prefácio

Segundo o meu conceito, quem quiser escrever um livro fará bem em pensar de vários modos a respeito do tema sobre o qual quer escrever. Também não fará mal se, tanto quanto possível, tomar conhecimento do que já foi escrito sobre o mesmo tema. Se por acaso no caminho encontrar um indivíduo[6] que já tratou exaustiva e satisfatoriamente um ou outro aspecto, fará bem em se alegrar, assim como o amigo do noivo o faz quando está presente e ouve a voz do noivo. Se fizer isto no maior silêncio e com a euforia apaixonada do enamorado que busca sempre a solidão, nada mais lhe faltará. Que escreva, pois, o livro de uma penada, como o pássaro canta sua canção, e, se houver alguém que daí retira proveito ou alegria, quanto mais, tanto melhor; que o publique, então, sem cuidados e preocupações, sem atribuir-se tanta importância, como se estivesse dando uma conclusão para todas as coisas ou como se todas as gerações da terra fossem abençoadas com esse livro. Cada geração tem sua tarefa e não precisa incomodar-se tão extraordinariamente, tentando ser tudo para as anteriores e as posteriores. A cada indivíduo na geração, tal como a cada dia, basta o seu tormento, e basta que cada um cuide de si mesmo, e não é preciso abranger toda a contemporaneidade na sua preocupação patriarcal, nem fazer iniciar uma nova era e nova época com esse livro, e menos ainda com os fogos de Ano-Novo de seus votos ou as promessas de longo prazo que a sua pena sugere, ou com a indicação de suas garantias baseadas em valores duvidosos. Nem todo aquele que tem as costas encurvadas é por isso um Atlas, ou se tornou um por carregar um mundo; nem todo o que diz: Senhor! Senhor!, entra só por isso no Reino dos Céus; nem todo o que se oferece como fiador de toda a sua época prova, com isso, que é uma pessoa de confiança capaz de avalizar por si mesmo; nem todo o que exclama: Bravo, schwere Noth, Gottsblitz bravíssimo, já compreendeu, só por isso, a si mesmo e sua admiração.

No que toca à minha humilde pessoa, confesso com toda a sinceridade que como autor sou um rei sem terra, mas também, em temor e muito tremor, um autor sem quaisquer pretensões. Se a alguma nobre inveja ou zelosa crítica parecer uma demasia que eu use um nome em latim, então com alegria passarei a chamar-me Christen Madsen[7], desejando acima de tudo ser considerado como um leigo que decerto especula, mas no entanto encontra-se bem fora da especulação, embora eu seja grande devoto em minha crença na autoridade, tal como o romano era tolerante em seu temor a Deus. No que toca à autoridade humana, sou um adorador de fetiches, e adoro com igual piedade seja quem for, desde que me seja bem anunciado com rufar de tambores que é a este que eu devo adorar, que é ele a autoridade e o *Imprimatur* este ano. A decisão está acima de meu entendimento, quer ela aconteça por sorteio ou por votação com bolas brancas e pretas, quer a dignidade faça rodízio e o indivíduo ocupe o cargo como autoridade da mesma forma que um representante dos cidadãos periodicamente faz parte de uma comissão de arbitragem.

Nada mais tenho a acrescentar, a não ser desejar a cada um que compartilha de meus pontos de vista, assim como a cada um que não compartilha deles, a cada um que há de ler este livro, assim como àquele a quem bastará o prefácio – um bem-intencionado Passe bem!

Copenhague.
Mui respeitosamente,
Vigilius Haufniensis

Introdução

Em que sentido o objeto da nossa ponderação é uma tarefa que interessa à Psicologia, e em que sentido ele, depois de ter sido a tarefa e o interesse da Psicologia, aponta justamente para a Dogmática

Que cada problema científico tenha, dentro do vasto âmbito da ciência, seu lugar determinado, sua medida e seus limites e, justamente por isso, sua harmônica ressonância no conjunto, sua legítima consonância naquilo que o todo exprime, essa noção é não apenas um *pium desiderium*[8] a enobrecer o homem da ciência com uma exaltação entusiasta ou melancólica, é não só um dever sagrado que o amarra ao serviço da totalidade e o força a renunciar à anarquia e ao prazer de, aventurosamente, perder de vista a terra firme; mas serve ao mesmo tempo ao interesse de toda consideração mais específica, porque basta uma delas esquecer o lugar a que pertence, para imediatamente – o que a ambiguidade da linguagem costuma exprimir com segura justeza pela mesma palavra – esquecer-se de si própria, tornar-se uma outra, adquirir a suspeitosa aptidão de poder tornar-se não importa o quê. Por falta de chamada à ordem científica, por não haver o cuidado de se impedir que os problemas singulares[9] passem a acotovelar-se uns com os outros para chegar primeiro num baile de máscaras, alcança-se, às vezes, um certo brilho do espírito, surpreende-se às vezes os outros dando a acreditar que já se captou aquilo de que, no entanto, ainda se está muito longe, produz-se às vezes uma concordância com palavras ocas sobre realidades diferentes. Este ganho, entretanto, cedo ou tarde tira desforra, assim como todas as aquisições ilegais, que não garantem a posse nem no domínio civil nem no científico.

Assim, quando se intitula a última sessão da Lógica: "a Realidade"[10], obtém-se com isso a vantagem de parecer que, já na Lógica, atingiu-se o que há de mais alto ou, se preferirmos, o mais baixo. A perda, porém, salta aos olhos; pois nem a Lógica nem a realidade são bem servidas com isso. A realidade não sai ganhando, pois a contingência, que é um elemento essencialmente copertencente à realidade, a Lógica jamais poderá deixar infiltrar-se[11]. Nem a Lógica fica bem servida com isso; pois, se ela pensou a realidade efetiva, então acolheu em si algo que ela não pode assimilar[12], e chegou a antecipar o que ela deve tão somente predispor[13]. O castigo é evidente: que toda e qualquer reflexão sobre o que é a realidade efetiva fica dificultada, sim; talvez, por algum tempo, impossibilitada, porque, por assim dizer, a palavra precisará de algum tempo para refletir bem sobre si mesma, tempo para esquecer o erro. – Assim, quando na Dogmática a *fé* é chamada *o imediato* sem qualquer outra determinação obtém-se a vantagem de se convencer todo mundo da necessidade de não ficar parado na fé, sim, pode-se arrancar tal concessão[14] até mesmo do crente ortodoxo, porque ele talvez não tenha descoberto prontamente o equívoco, de que isso não tem sua razão no que vem depois, mas sim naquele πρω τον ψευδος[15]. A perda é inegável, pois a fé perde ao ser assim despojada do que lhe pertence legitimamente: sua pressuposição histórica; a Dogmática perde por vir a iniciar, não onde tem seu início, dentro de um início preliminar. Em vez de pressupor[16] um início preliminar, ela o ignora e inicia sem mais nem menos[17], como se fosse a Lógica; pois esta sim é que começa justamente pelo que a mais sutil abstração produziu de mais volátil, ou seja: o imediato. O que então, pensado logicamente, é correto, que o imediato é *eo ipso* suspenso[18], torna-se, na Dogmática, disparate; pois a quem ocorreria a ideia de permanecer no imediato (sem nenhuma outra determinação), se este é abolido[19] exatamente no mesmo instante em que o nomeiam, assim como um sonâmbulo desperta no mesmo instante em que seu nome é mencionado? – Assim, quando, às vezes, em investigações quase que apenas propedêuticas, encontra-se a palavra *reconciliação,* utilizada para designar o saber especulativo, ou a identidade do sujeito cognoscente e do conhecido, o subjetivo-objetivo, etc., então se vê facilmente, é claro, que o respectivo autor é um homem de *espírito,* e que graças a essa expressão engenhosa já explicou todos os enigmas, sobretudo para todos aqueles que nem mesmo na ciência empregam a cautela que se observa afinal na vida quotidiana, de escutar exatamente os termos de um enigma antes de decifrá-lo. Caso contrário, adquire-se o mérito incomparável de com essa explicação ter lançado um novo enigma: como poderia ocorrer a alguém que isso devesse ser a explicação? Que o pensamento tem em geral alguma realidade[20] era a pressuposição de toda a filosofia antiga e da Idade Média. Com Kant, essa pressuposição tornou-se duvidosa. Suponhamos agora que a filosofia de Hegel tenha conseguido, verdadeiramente, *perpassar com seu pensamento* a *skepsis*[21] de Kant (embora isso permaneça uma grande questão, apesar de tudo quanto Hegel e sua escola, com o lema[22] "o método e a manifestação", fizeram para esconder o que Schelling reconheceu mais abertamente com o lema "a intuição intelectual e a construção": que havia um novo ponto de partida) e admitamos, pois, que numa forma superior tenha reconstruído o antecedente, de modo que o pensamento não tenha realidade em virtude de uma pressuposição: será, então, a realidade do pensamento, assim conscientemente obtida, uma reconciliação? Com tudo isso, afinal, não se fez mais do que levar a Filosofia até o ponto de onde anteriormente se iniciava, naqueles tempos de outrora quando justamente a reconciliação tinha uma enorme importância[23]. Tem-se uma terminologia filosófica antiga e respeitável: tese, antítese e síntese. Escolha-se uma mais moderna, em que a mediação ocupe o terceiro lugar; será que isso vai representar um progresso assim tão extraordinário? A mediação tem duplo sentido; pois designa, de uma só vez, a relação entre os dois termos e o resultado da relação, aquilo em que eles se relacionam mutuamente como aqueles que se relacionaram mutuamente; ela designa o movimento, mas também o repouso. Se isto é uma perfeição, somente um exame dialético muito mais profundo da mediação o demonstrará, mas desgraçadamente continuamos a aguardá-lo. Que se suprima então a síntese e se fale em mediação, tudo bem. Porém a engenhosidade exige mais, que se diga reconciliação. Qual é a consequência disso? Não se beneficiam suas investigações propedêuticas, pois essas ganham naturalmente com isso tão pouco quanto a verdade em clareza ou uma alma humana em beatitude, só por receberem um título. Em contrapartida, confundem-se radicalmente duas ciências: a Ética e a Dogmática, sobretudo porque, após ter-se introduzido sub-repticiamente a palavra *reconciliação*, dá-se também a entender agora que Lógica e λογος (o dogmático) se correspondem, e que a Lógica é a própria doutrina do λογος. A Ética e a Dogmática disputam entre si a reconciliação, num *confinium* fatal. O arrependimento e a culpa trazem a rebenque e espora, eticamente, a reconciliação, enquanto que a Dogmática, na receptividade à reconciliação oferecida, possui a imediatidade historicamente concreta com a qual inicia seu discurso no grande diálogo da ciência. Qual será então a consequência?

Que a linguagem provavelmente será forçada a um longo ano sabático, em que se deixarão palavras e pensamentos repousar, para que se possa recomeçar pelo início. – Emprega-se na Lógica *o Negativo* como aquela força estimuladora que põe movimento em tudo. E, afinal, movimento a gente tem de ter na Lógica, não importa como, custe o que custar, por bem ou por mal. O negativo ajuda então, e, se ele não adiantar, ajudam os trocadilhos e outros recursos de linguagem, até porque o próprio negativo se tornou um jogo de palavras[24]. Na Lógica, nenhum movimento deverá *vir a ser;* porque a Lógica é, e todo o Lógico apenas *é*[25], e essa impotência do Lógico é a passagem da Lógica ao devir, onde existência e realidade aparecem. Quando a Lógica se aprofunda então na concreção das categorias, tudo permanece sempre idêntico ao que já era desde o início. Qualquer movimento, se por um instante se quiser usar essa expressão, é um movimento imanente, o que num sentido mais profundo não é nenhum movimento – do que é possível convencer-se facilmente quando se considera que o próprio conceito de movimento é uma transcendência, que não pode encontrar lugar na Lógica. O negativo é, aí, a imanência do movimento, é o evanescente, é o superado. Se tudo acontece dessa maneira, então absolutamente nada acontece, e o negativo se torna um fantasma. Contudo, justamente para fazer que algo aconteça na Lógica, o negativo transforma-se em algo mais: torna-se aquele que produz o seu contrário, quer dizer, não mais uma negação, mas uma "contraposição" (*Contra-Position*). Então o negativo deixa de ser o silêncio do movimento imanente, tornando-se este *"necessário Outro"* de que a Lógica decerto poderá ter grande necessidade para fazer deslanchar o movimento, mas de modo nenhum é o negativo. Quando se deixa a Lógica para passar à Ética, então se reencontra aqui este infatigável negativo, sempre em ação em toda a filosofia hegeliana, e tem-se a surpresa de descobrir que aqui o negativo é o mal. Agora a confusão vai a todo vapor: não há mais limites para a engenhosidade, e a afirmação de Madame de Staël-Holstein acerca da filosofia de Schelling – que esta dá a um homem que a tenha estudado *espírito* para toda a vida – vale em toda a sua plenitude para a de Hegel. Bem se vê quão ilógicos têm de ser os movimentos na Lógica, uma vez que o Negativo é o mal; e quão antiéticos na Ética, uma vez que o mal é o Negativo. Ele é demais na Lógica, de menos na Ética, não combina em parte alguma, deve-se combinar com os dois lados. Se a Ética carece de outra transcendência, ela é então essencialmente uma Lógica, e, se a Lógica deve ter tanta transcendência quanto se faz necessário para a Ética por uma questão de decência, ela não é mais Lógica.

Talvez esta análise esteja prolixa demais com relação à sua localização (com relação ao assunto que trata está longe de ser demasiado longa), mas de modo algum é supérflua, dado que os pontos particulares foram escolhidos com alusão ao tema deste escrito. Os exemplos são de ordem geral, mas o que acontece no maior pode repetir-se no pormenor, permanecendo semelhante o equívoco ainda quando os efeitos perniciosos sejam menores. Quem tem pretensões de escrever o Sistema tem sua responsabilidade no que toca ao mais graúdo, mas quem escreve uma simples monografia também pode e deve ser fiel no pormenor.

O presente escrito estabeleceu como sua tarefa tratar o conceito "angústia" de um ponto de vista psicológico, de modo a ter *in mente*[26] e diante dos olhos o dogma do pecado hereditário. Neste sentido, tem a ver também, embora tacitamente, com o conceito de pecado. O pecado, contudo, não é um assunto de interesse psicológico, e querer tratá-lo nesta perspectiva redundaria em colocar-se ao serviço de uma engenhosidade mal compreendida. O pecado ocupa seu lugar determinado, ou melhor, não ocupa lugar algum, e é isto justamente a sua determinação. Quando ele é tratado fora de seu lugar próprio, fica adulterado, pois que assim vem a enquadrar-se num prisma de reflexão que não é essencial. Seu conceito fica alterado e com isso ao mesmo tempo se perturba aquela sua *atmosfera*[27], que, como a atmosfera justa corresponde ao conceito correto[28] e, em vez da perseverança de uma atmosfera verdadeira, obtém-se a farsa fugaz das atmosferas falsas. Assim, quando o pecado é tratado na Estética, tem-se uma atmosfera de leviandade ou de melancolia[29], pois a categoria em que aí se situa o pecado é a da contradição, e esta é ou cômica ou trágica. A atmosfera fica, por conseguinte, alterada; pois a atmosfera que corresponde ao pecado é a da seriedade. Também o seu conceito fica alterado, porque, quer se torne cômico, quer trágico, o pecado se torna um subsistente ou algo que não é superado senão de maneira não essencial, ao passo que o seu conceito exige que seja *efetivamente* vencido[30]. Num sentido mais profundo, o cômico e o trágico não têm nenhum inimigo, salvo algum espantalho que faça rir ou chorar. – Quando o pecado é tratado na Metafísica, a atmosfera fica sendo a da equidade e do desinteresse[31] dialéticos, que analisam o pecado como aquilo que não consegue opor resistência ao pensamento. O conceito fica alterado, pois é claro que o pecado deve ser vencido, mas não como aquilo a que o pensamento não possa emprestar vida, e sim como algo que existe e, como tal, concerne a todos. – Quando o pecado é tratado na Psicologia, então a sua atmosfera fica sendo a tenacidade observadora, o destemor de alguém que espiona; não vem a ser, porém, aquela seriedade que nos leva a vencê-lo pela fuga. O conceito se transforma num outro, pois o pecado se torna um estado. Mas o pecado não é um estado. Sua ideia consiste em que seu conceito seja superado incessantemente. Como estado (*de potentia*[32]) o pecado não é, ao passo que *de actu* ou *in actu*[33], é e volta a ser. A atmosfera da Psicologia seria a de uma curiosidade que antipatiza, porém a atmosfera correta é a da resistência intrépida da seriedade. A atmosfera da Psicologia é a da angústia descobridora e em sua angústia ela copia os contornos do pecado, apavorando-se mais e mais ante o desenho que ela própria faz aparecer. Quando é tratado dessa maneira, o pecado se transforma no mais forte, pois a Psicologia se relaciona com ele de modo propriamente feminino. É certo que aquele estado tem a sua verdade, e é certo que um tal estado surge com maior ou menor intensidade na vida de qualquer homem, antes que apareça a Ética; porém, com tal tratamento o pecado não vem a ser aquilo que é, e sim mais, ou menos do que isso.

Por isso, sempre que se vir o problema do pecado sendo examinado, poder-se-á logo verificar pela atmosfera se o conceito é o correto. Sempre que se fala do pecado como, por exemplo, de uma doença, de uma anomalia, de um veneno, de uma falta de harmonia, estará falseado também o conceito.

A rigor, o pecado não tem seu lugar em nenhuma ciência. Ele é objeto daquela pregação em que fala o indivíduo, como o indivíduo que se dirige ao indivíduo. Em nosso tempo, a importância das ciências faz os pastores de bobos, transformando-os em uma espécie de sacristãos de professores que também servem à ciência e consideram que pregar está abaixo de sua dignidade. Não surpreende, portanto, que o sermão tenha decaído, no consenso geral, em nível de uma arte muito pobre. Pregar, entretanto, é a mais difícil de todas as artes, e é propriamente aquela arte que Sócrates elogia: a de saber dialogar. É óbvio que para isso não será preciso que algum dos fiéis responda, nem tampouco haverá qualquer vantagem em se introduzir alguém como interlocutor. O que Sócrates a rigor criticava nos sofistas, segundo sua famosa distinção de que estes decerto sabiam falar, mas não dialogar, era que podiam dizer muitas coisas sobre qualquer assunto e, não obstante, careciam do momento da apropriação. A apropriação é justamente o segredo do diálogo.

Ao conceito do pecado corresponde a seriedade. A ciência em que o pecado estaria mais perto de encontrar lugar seria decerto a Ética. Entretanto, isso tem lá sua grande dificuldade. A Ética ainda é uma ciência ideal, não somente no sentido em que todas as ciências o são. Ela quer introduzir a idealidade na realidade efetiva; mas seu movimento não consiste, inversamente, em elevar a realidade à idealidade[34]. A Ética mostra a idealidade como tarefa, e pressupõe que o homem esteja de posse das condições. Com isso, a Ética desenvolve uma contradição, justamente ao tornar nítidas a dificuldade e a impossibilidade. Vale para a Ética o que se diz da Lei, que é uma disciplinadora que, ao exigir, com sua exigência apenas julga, nada cria. Só a Ética grega constituía uma exceção, e isso porque ela não era uma Ética no sentido mais rigoroso, mas conservava um momento estético. Isso se manifesta claramente em sua definição de virtude, e no que Aristóteles exprime tantas vezes, mas também na *Ética a Nicômaco,* com uma adorável ingenuidade grega: que a virtude por si só não torna o homem feliz e contente, mas ele precisa ter ainda saúde, amigos, bens nesta vida, ser feliz em sua família. Quanto mais ideal é a Ética, tanto melhor. Ela não deve deixar-se transtornar pela conversa oca dos que afirmam que de nada adianta exigir o impossível; pois dar ouvidos a tais conversas já é não ético, é algo para o que a Ética não tem *tempo* nem *oportunidade.* A Ética nada tem a ver com o pechinchar, e por esse caminho não se chega à realidade. Se esta deve ser alcançada, então o movimento todo tem de ser refeito. Esta propriedade da Ética de ser assim ideal é o que conduz à tentação de, em seu estudo, usar categorias ora metafísicas, ora estéticas, ora psicológicas. Mas a Ética precisa naturalmente ser a primeira de todas a resistir às tentações, e por isso também é impossível alguém conseguir escrever uma Ética sem ter de reserva categorias inteiramente diferentes.

O pecado então só pertence à Ética na medida em que é nesse conceito que ela encalha, mediante o arrependimento[35]. Se a Ética acolher o pecado, acabou-se a idealidade dela. Quanto mais permanece em sua idealidade – e contudo jamais se torna tão desumana a ponto de perder de vista a realidade, mas se relaciona com ela ao querer colocar-se como tarefa para cada homem de modo a querer convertê-lo no homem verdadeiro e total, no homem κατ' εξοχην[36] – tanto mais ela retesa a dificuldade. Na luta para realizar a tarefa da Ética, o pecado se mostra não como algo que pertence só por acaso a um indivíduo casual, mas o pecado se retrai sempre mais profundamente como um pressuposto sempre mais profundo, como um pressuposto que recai sobre cada indivíduo[37]. Agora está tudo perdido para a Ética, e a Ética contribuiu para a perda total. Apareceu uma categoria que se situa completamente fora de seu domínio. O *pecado hereditário*[38] torna tudo ainda mais desesperado, isto é, eleva a dificuldade[39], porém não com o auxílio da Ética e sim por intermédio da Dogmática. Assim como todo o conhecimento e toda a especulação dos Antigos baseavam-se na pressuposição de que o pensamento tinha realidade, assim também toda a Ética antiga baseava-se na pressuposição de que a virtude era realizável. A *skepsis* do pecado é completamente estranha ao paganismo. O pecado era para a sua consciência ética o que o erro era para o seu conhecer: uma exceção isolada que nada prova.

Com a Dogmática começa a ciência que, ao inverso daquela ciência assim chamada ideal *stricte*[40], parte da realidade efetiva. Ela inicia com o real efetivo, para elevá-lo à idealidade[41]. Não nega a presença[42] do pecado; ao contrário, ela o pressupõe e o explica ao pressupor o pecado hereditário. Como, porém, é raro a Dogmática ser estudada pura, muitas vezes encontrar-se-á o pecado hereditário incluído dentro de seus limites, de tal modo que a originalidade heterogênea da Dogmática já não salta aos olhos, mas fica confusa, o que também acontece quando se encontra nela um dogma sobre os anjos, sobre as Sagradas Escrituras, etc. A Dogmática não deve, portanto, explicar o pecado hereditário, mas explicá-lo em pressupondo-o, à semelhança daquele turbilhão sobre o qual a Física especulativa grega falou diversas coisas, como algo de movente que nenhuma ciência conseguia apreender.

Que é bem assim que se passam as coisas no que tange à Dogmática, conceder-se-me-á quando outra vez se arranjar tempo para compreender o mérito imortal de Schleiermacher nessa ciência. A gente o abandonou há bastante tempo, quando se preferiu Hegel, e contudo Schleiermacher era, no belo sentido grego da palavra, um pensador, que só falava daquilo que sabia, enquanto que Hegel, apesar de todas as suas excelentes qualidades e a sua colossal erudição, em tudo o que produziu está mais e mais a lembrar que era, na acepção alemã do termo, um professor de filosofia de um alto nível, na medida em que precisava explicar tudo *à tout prix*[43].

A nova ciência inicia, pois, com a Dogmática, no mesmo sentido em que a ciência imanente inicia com a Metafísica. Aqui a Ética torna a encontrar o seu lugar como aquela ciência que tem a consciência que a Dogmática possui sobre a realidade como tarefa para a realidade. Esta Ética não ignora o pecado, e a idealidade dela não consiste no exigir idealmente, mas sua idealidade consiste na consciência penetrante da realidade, da realidade do pecado, porém, bem entendido, não com leviandade metafísica ou concupiscência psicológica.

Vê-se facilmente a diferença do movimento, e que a Ética da qual agora falamos pertence a uma outra ordem de coisas. A primeira Ética encalhava na pecaminosidade do indivíduo[44]. Longe de poder explicar esta última, a dificuldade tinha de tornar-se ainda maior e eticamente mais enigmática à medida que o pecado do indivíduo se expandia em pecado de toda a geração. Veio então a Dogmática e auxiliou com o pecado hereditário. A nova Ética pressupõe a Dogmática, e com essa o pecado hereditário, de que se serve em seguida para explicar o pecado do indivíduo, enquanto ao mesmo tempo institui como tarefa a idealidade, porém não no movimento de cima para baixo, mas de baixo para cima.

Aristóteles, como se sabe, empregou a denominação πρωτη φιλοσοφια[45] e com isso designou primeiramente o metafísico, embora incluísse aí ao mesmo tempo uma parte daquilo que segundo nossos conceitos pertenceria à Teologia. É perfeitamente natural que no paganismo a Teologia tivesse de ser estudada aí; trata-se da mesma carência de reflexão profunda sobre o infinito que fazia com que o Teatro, no paganismo, fosse na realidade uma espécie de culto divino. Se se quiser agora abstrair daquela ambiguidade, poder-se-á então conservar a denominação, e compreender por πρωτη φιλοσοφια[46] a totalidade científica que se poderia chamar de pagã[47], cuja essência é a imanência ou, dito em grego, a reminiscência, e por *secunda philosophia* compreender aquela cuja essência é a transcendência ou a repetição[48].

O conceito de pecado não tem, portanto, a rigor, sua morada em nenhuma ciência; só a segunda Ética pode tratar de sua manifestação, não de sua origem. Se qualquer outra ciência quer tratar do pecado, o conceito torna-se confuso. Assim se daria, para nos aproximarmos do nosso projeto, se a Psicologia quisesse fazê-lo.

Aquilo que a Psicologia deve ter por objeto há de ser algo de estável, que permanece numa tranquilidade em movimento, não algo de instável, que constantemente se produz a si mesmo ou é reprimido. Mas o elemento estável, de onde surge constantemente o pecado, não por necessidade (pois um devir necessário é um estado, como, por exemplo, é um estado toda a história da planta), mas com liberdade, esse elemento permanente, essa pressuposição disponente[49], a possibilidade real do pecado, este é um objeto para o interesse da Psicologia. O que pode ocupar a Psicologia, e aquilo com que ela pode ocupar-se é: como o pecado pode surgir, e não: que ele surge. Ela pode em seu interesse psicológico levar a coisa tão longe que é como se o pecado já existisse; mas o ponto seguinte, quer dizer, que ele esteja aí, é qualitativamente diferente disso. De que modo então aquela pressuposição se mostra como se alastrando sempre mais ante a contemplação e a observação psicológicas cuidadosas, isto é do interesse da Psicologia, sim, a Psicologia gostaria de, por assim dizer, entregar-se à ilusão de que, com isso, o pecado já está aí. Mas esta última ilusão é a impotência da Psicologia, que mostra que a Psicologia já se exauriu.

Que a natureza humana tem de ser tal que ela torne o pecado possível é totalmente verdadeiro, do ponto de vista psicológico, mas querer fazer dessa possibilidade do pecado a sua realidade efetiva provoca indignação na Ética e soa como uma blasfêmia para a Dogmática; pois a liberdade nunca é possível; logo que ela o é, é real, no mesmo sentido como se disse numa filosofia mais antiga que, se a existência de Deus é possível, ela é necessária.

Logo que o pecado é realmente posto, a Ética apresenta-se imediatamente e segue então cada um de seus passos. Como ele surgiu, é uma questão que não preocupa a Ética a não ser na medida em que ela tem certeza de que o pecado entrou no mundo como pecado. Mas, menos ainda que com seu surgimento, preocupa-se a Ética com o "*Stilleben*"[50] da sua possibilidade.

Se se quiser agora indagar mais aproximadamente em que sentido e em que medida a Psicologia persegue seu objeto na observação, então é evidente do que antecede e por si mesmo: que toda observação da realidade do pecado, enquanto pensado, é irrelevante e pertence à Ética, mas não como objeto de observação; pois a Ética nunca é simples observadora – antes acusa, julga, age. Além disso, segue do que foi dito, como por si mesmo, que a Psicologia não tem a ver com os detalhes da realidade empírica, a não ser na medida em que esta permanece exterior ao pecado. É verdade que, como ciência, a Psicologia nunca pode ocupar-se empiricamente com o detalhe que lhe serve de base, embora este detalhe possa receber sua representação científica, quanto mais concreta a Psicologia se tornar. Em nosso tempo, essa ciência, posto que tenha mais do que qualquer outra o direito de se embriagar com a multiplicidade borbulhante da vida, entregou-se ao jejum e ao ascetismo como um autoflagelante. Não é por culpa da ciência, mas dos que a cultivam. Em relação ao pecado, pelo contrário, todo o conteúdo da realidade efetiva lhe está vedado, só a sua possibilidade lhe pertence ainda. Para o pensamento ético, como é natural, jamais se apresenta a possibilidade do pecado, e a Ética não se deixa fazer de boba nem perde tempo com uma tal investigação. Em contrapartida, a Psicologia ama-a e senta-se a copiar os contornos, a calcular os ângulos da possibilidade, e, como Arquimedes, tampouco se deixa perturbar.

Contudo, enquanto se aprofunda na possibilidade do pecado, a Psicologia está, sem o saber, a serviço de uma outra ciência que só aguarda que ela acabe para, por seu turno, começar os trabalhos, ajudando a Psicologia nas explicações. Esta não é a Ética; pois a Ética nada tem a ver com aquela possibilidade. Ela é, pelo contrário, a Dogmática, e aqui reaparece o problema do pecado hereditário. Enquanto a Psicologia sonda a possibilidade real[51] do pecado, a Dogmática explica o *pecado hereditário*, isto é, a possibilidade ideal[52] do pecado. Contrariamente, a segunda Ética nada tem a ver com a possibilidade do pecado nem com o pecado hereditário. A primeira Ética ignora o pecado, a segunda inclui a realidade efetiva do pecado nos seus domínios, e aqui outra vez só com a ajuda de um mal-entendido a Psicologia pode intrometer-se.

Se o exposto acima estiver correto, facilmente se verá com que direito chamei o presente escrito uma reflexão psicológica, e como, na medida em que esta reflexão toma consciência do seu lugar na Ciência, ela pertence à Psicologia, e tende por sua vez para a Dogmática. Chamou-se a Psicologia a doutrina do espírito subjetivo.

Aprofundando-se um pouco mais essa noção, ver-se-á que, quando chega ao problema do pecado, ela precisa primeiro transmudar-se em doutrina do espírito absoluto. Aí se situa a Dogmática. A primeira Ética pressupõe a Metafísica, a segunda a Dogmática, mas também a complementa de tal maneira que aqui, como em toda parte, a pressuposição vem à tona.

Tal era a tarefa da introdução. Esta pode estar correta ainda que a reflexão sobre o conceito de angústia possa estar inteiramente incorreta. Se é este o caso, há que se mostrar.

Caput I

Angústia como pressuposição do pecado hereditário e como explicando de modo retroativo, na volta à sua origem, o pecado hereditário

§1 Indicações históricas a respeito do conceito de "pecado hereditário"

Será este conceito idêntico ao conceito do primeiro pecado, do pecado de Adão, da queda? Por vezes isso foi entendido assim, é verdade, e por isso a tarefa de explicar o pecado hereditário foi identificada com a de explicar o pecado de Adão. Como o raciocínio topava aqui com dificuldades, buscou-se um desvio. Contudo, para explicar-se alguma coisa, arranjou-se uma pressuposição fantástica, em cuja perda consistiria a consequência da queda. Obteve-se então a vantagem de que qualquer um admitiria de bom grado que um tal estado, assim como descrito, não se encontra mais no mundo, porém olvidou-se que a dúvida era uma outra: se tal estado tinha mesmo existido, o que seria o mínimo necessário para se perdê-lo. A história da humanidade ganhou um início fantástico: Adão foi colocado fantasticamente do lado de fora, o sentimento piedoso e a fantasia obtiveram o que demandavam, um prelúdio devoto; o pensamento, porém, não ganhou nada. De uma dupla maneira Adão foi mantido fantasticamente do lado de fora. A pressuposição era uma dialético-fantástica, sobretudo no catolicismo (Adão perdeu *donum divinitus datum supranaturale et admirabile*[53]). [Ou] ela era uma pressuposição histórico-fantástica, sobretudo na Dogmática federal[54], que dramaticamente perdeu-se numa concepção de fantasia sobre o comportamento de Adão como plenipotenciário de toda a espécie humana. Ambas as explicações nada explicam, naturalmente, já que a primeira explica em eliminando o que ela mesma havia inventado; a segunda apenas inventa algo que nada explica.

O conceito de pecado hereditário é de tal modo diferente do conceito de primeiro pecado, que o indivíduo participa daquele apenas pela sua relação com Adão e não pela sua relação primitiva com o pecado? Neste caso, mais uma vez, de modo fantástico Adão é posto para fora da história. O pecado de Adão, neste caso, é uma coisa mais que passada (*plus quam perfectum*). O pecado hereditário é o presente, é a pecaminosidade, e Adão o único em quem esta não teria ocorrido, pois veio a ser por meio Ele. A gente aí não se empenhava por explicar o pecado de Adão, mas o que se queria explicar era o pecado hereditário em suas consequências. Tal explicação, porém, não é relevante para o pensamento. Daí se compreende perfeitamente que um escrito simbólico declare a impossibilidade da explicação, e que esta declaração acompanhe sem contradição a explicação. Os artigos de Esmalcalde ensinam expressamente: *peccatum hœreditarium tam profunda et tetra est corruptio naturae, ut nullius hominis ratione intelligi possit, sed ex scripturœ patefactione agnoscenda et credenda sit*[55]. Esta declaração é bem compatível com as explicações, pois nessas não se apresentam tanto definições racionais como tais, mas o sentimento piedoso (de tendência ética) enfuna as velas de sua indignação[56] contra o pecado hereditário, assume o papel de acusador e agora só se preocupa, numa paixão quase feminina, com uma exaltação de moça apaixonada, tornando cada vez mais repulsiva a pecaminosidade e a si mesma, de modo que não haja palavra suficientemente dura para designar a participação do indivíduo nela[57]. Se se quiser ter uma visão geral das diferentes confissões, sob este ponto de vista, aí apresenta-se uma gradação, em que a profunda religiosidade protestante conquista a vitória. A Igreja grega designa o pecado hereditário como 'αμάρτημα προτοπατορικον[58]. Ela não possui nem ao menos um conceito, visto que esta expressão é apenas uma indicação histórica que não indica o presente, como é próprio de um conceito, porém apenas o historicamente terminado. *Vitium originis*[59] (Tertuliano) já é um conceito, mas a forma linguística permite, contudo, que o elemento histórico seja concebido como o preponderante. *Peccatum originale (quia originaliter tradatur*[60], Agostinho) indica o conceito, que fica mais nitidamente definido com a distinção entre *peccatum originans* e *originatum*[61]. O protestantismo rejeita as definições escolásticas (*carentia imaginis dei; defectus justitiae originalis*[62]) assim como também que o pecado hereditário fosse uma *poena (concupiscentiam poenam esse non peccatum, disputant adversarii. Apolog. A.C.*[63]) e então começa o clímax entusiástico: *vitium, peccatum, reatus, culpa*[64]. Só o que importa é a eloquência da alma contrita, e por isso se pode, às vezes, deixar passar um pensamento inteiramente contraditório junto com o discurso sobre o pecado hereditário (*nunc quoque afferens iram dei iis qui secundum exemplum Adami peccarunt*). Ou então aquela eloquência preocupada não dá nenhuma importância ao pensamento, mas profere o terrível a respeito do pecado hereditário (*quo fit, ut omnes propter inobedientiam Adæ et Hevæ. in odio apud deum simus. Form. Conæ*), que, porém, tem bastante cautela para protestar contra o pensar tal coisa, visto que, se o pensássemos, então o pecado se tornaria, afinal de contas, a substância do homem[65]. Tão logo desaparece o entusiasmo da fé e da contrição, não se pode mais ser ajudado por tais definições, que só fazem facilitar ao astuto racionalismo escapar ao reconhecimento do pecado. Mas o precisar-se de outras definições é, contudo, uma prova duvidosa da perfeição da época, bem no mesmo sentido que o necessitar de outras leis que não sejam draconianas.

O fantástico, que se mostrou aqui, repete-se, de modo inteiramente lógico, num outro ponto da Dogmática, na Redenção. Ensina-se que Cristo deu plena satisfação pelo pecado hereditário. Mas como se passam as coisas com Adão? Afinal, ele introduziu o pecado hereditário no mundo. O pecado hereditário não seria nele um pecado atual? Ou o pecado hereditário significa a mesma coisa para Adão como para qualquer um do gênero humano? Neste caso, o conceito se anula. Ou teria sido toda a vida de Adão o pecado hereditário? O primeiro pecado não teria engendrado nele outros, isto é, pecados atuais? O erro supracitado mostra-se aqui mais nitidamente: pois Adão é exilado para fora da história de maneira tão fantasiosa, que ele acaba por ser o único que é excluído da redenção.

Como quer que se apresente o problema, logo que Adão fica excluído de maneira fantástica, tudo se confunde. Explicar o pecado de Adão é, portanto, explicar o pecado hereditário, e de nada adianta uma explicação que queira explicar Adão, mas não o pecado hereditário, ou queira explicar o pecado hereditário, mas não Adão. A razão mais profunda de tal impossibilidade está naquilo que é o essencial da existência humana; que o homem é *individuum* e, como tal, ao mesmo tempo ele mesmo e todo o gênero humano, de maneira que a humanidade participa toda inteira do indivíduo[66], e o indivíduo participa de todo o gênero humano[67]. Se não sustentarmos isso, terminaremos por cair ou no singularismo[68] dos pelagianos, dos socianianos, dos filantropos[69], ou então no fantástico. O prosaísmo do entendimento consiste em que o gênero humano se dissolve numericamente num eterno *einmal ein* (1x1). O fantástico está em que Adão goza da honra bem-intencionada de ser superior a toda a humanidade ou da duvidosa honra de estar fora do gênero humano.

A cada momento as coisas se passam de tal modo que o indivíduo é ele mesmo e o gênero humano. Esta é a perfeição do homem vista como estado. Ao mesmo tempo isso é uma contradição; mas uma contradição é sempre expressão de uma tarefa; mas uma tarefa é movimento; mas um movimento para o mesmo como tarefa que foi dada como o mesmo é um movimento histórico. Portanto, o indivíduo tem história; mas se o indivíduo tem história, o gênero humano também a tem. Qualquer indivíduo tem a mesma perfeição, justamente por isso os indivíduos não se apartam uns dos outros como números, tampouco como o conceito de gênero humano se torna um fantasma. Todo e qualquer indivíduo é essencialmente interessado pela história de todos os outros, sim, tão essencialmente como pela sua própria. A perfeição em si mesma consiste, pois, em participar completamente na totalidade. Nenhum indivíduo é indiferente à história do gênero humano, e nem esta é indiferente à história do indivíduo. Enquanto a história do gênero humano progride, o indivíduo principia sempre *da capo*, porque ele é ele mesmo e o gênero humano, e aí de novo a história do gênero humano[70].

Adão é o primeiro homem, ele é ao mesmo tempo ele mesmo e o gênero humano. Não é por uma questão de beleza estética que nós nos fixamos nele; nem é em virtude de um sentimento de magnanimidade que aderimos a ele, para não deixá-lo, por assim dizer, em dificuldade, como sendo o responsável por tudo; não é também em virtude do entusiasmo da simpatia ou da persuasão da piedade que nos resolvemos a dividir com ele a culpa, como a criança deseja ser culpada junto com o pai; nem será em virtude de uma forçada compaixão, que nos ensina a aguentar o que, no fim das contas, temos mesmo que aguentar; mas é em virtude do pensamento que nós o seguramos. Qualquer tentativa, portanto, de explicar o significado de Adão para o gênero humano como *caput generis humani naturale, seminale, foederale*[71], para lembrarmos expressões dogmáticas, confunde tudo. Ele não é essencialmente diferente do gênero humano; pois nesse caso o gênero humano nem existiria; ele não é o gênero humano, pois aí nem haveria o gênero humano: ele é ele mesmo e o gênero humano. Por isso, aquilo que explica Adão, explica o gênero humano, e vice-versa.

§2 O conceito de "o primeiro pecado"

Conforme conceitos tradicionais, a diferença entre o primeiro pecado de Adão e o primeiro pecado de qualquer homem é esta: o pecado de Adão condiciona a pecaminosidade como consequência, o outro primeiro pecado[72] pressupõe a pecaminosidade como condição. Se assim fosse, então Adão ficaria realmente fora do gênero humano, e este começaria não com ele, mas teria um começo fora de si mesmo, o que contraria qualquer conceito.

Que o *primeiro* pecado signifique algo diferente de um pecado (isto é, um pecado qualquer, como tantos outros), algo diferente de um só pecado[73] (isto é, nº 1 em relação ao nº 2), entende-se facilmente. O primeiro pecado é a determinação qualitativa, o primeiro pecado é o pecado. Esse é o segredo do primeiro, e seu escândalo para o entendimento abstrato, que acredita que uma vez vale tanto quanto nenhuma, mas várias vezes já seria alguma coisa, o que está inteiramente invertido, visto que ou várias vezes querem dizer cada uma por si tanto quanto a primeira, ou todas reunidas valem até menos. Por isso, é uma superstição quando na Lógica se pretende que com a continuidade de uma determinação quantitativa surja uma nova qualidade; trata-se de uma reticência imperdoável sempre que, ainda que não se esconda que as coisas não sucedem exatamente assim, se oculta, no entanto, a consequência disso para toda a imanência lógica, afirmando-o inclusive no movimento lógico, como o faz Hegel[74]. A qualidade nova surge com o primeiro, com o salto, com a subitaneidade do enigmático.

Se o primeiro pecado significa numericamente um só pecado (no singular), então daí não se origina nenhuma história, e o pecado não adquire história nem no indivíduo nem no gênero humano; pois a condição para isso é a mesma, o que não significa que, enquanto história, a da humanidade coincida com a do indivíduo, nem aquela do indivíduo seja a da humanidade, a não ser no sentido de que a contradição exprime sempre a tarefa.

Com o primeiro pecado, entrou o pecado no mundo. Exatamente do mesmo modo vale isso a respeito do primeiro pecado de qualquer homem posterior, que com este o pecado entra no mundo. Dizer, contudo, que não existia pecado antes do pecado de Adão, é uma reflexão não apenas inteiramente casual e sem relevância no que concerne ao pecado em si, como também totalmente destituída de significado e de direito de tornar maior o pecado de Adão ou menor o primeiro pecado de qualquer outro ser humano. É justamente uma heresia lógica e ética que se queira dar a aparência de que a pecaminosidade em um homem se determine quantitativamente a tal ponto que por fim, por *generatio cœquivoca*[75], surge o primeiro pecado num homem. Isto não acontece, tampouco quanto Trop – embora fosse um mestre a serviço da determinação quantitativa – chegou a tornar-se com auxílio desta um Licenciado. Que os matemáticos e os astrônomos se socorram, se puderem, com as grandezas infinitesimalmente minúsculas: na vida tal coisa não serve nem para alguém obter um diploma, muito menos para explicar o espírito! Se o primeiro pecado de qualquer homem posterior surgisse assim da pecaminosidade, seu primeiro pecado só seria determinado de modo não essencial como o primeiro, e o que possuísse de essencial apenas lhe viria – se tal coisa pudesse ser pensada – do número de ordem que lhe fosse dado num fundo comum decrescente do gênero humano. Mas as coisas não se passam desse modo, e é tão tolo, tão ilógico, tão antiético, tão anticristão pretender a dignidade de ser o primeiro inventor, quanto pretender afastar alguma coisa de si, tentando não pensar em algo quando se diz que apenas se fez o que toda a gente também fez. A presença da pecaminosidade em um ser humano, a força do exemplo, etc., tudo isso não passa de determinações quantitativas que nada explicam[76], a não ser que se suponha que um único indivíduo é todo o gênero humano, em vez de se aceitar que cada indivíduo é ele mesmo e o gênero humano.

A narrativa do *Gênesis* sobre o primeiro pecado tem sido, sobretudo em nosso tempo, considerada de maneira um tanto quanto negligente como um mito. Isso tem um bom motivo, já que o que foi posto em seu lugar era justamente um mito, e ainda por cima um mito ruim, pois, quando o entendimento decai no mítico, raramente daí resulta algo além de conversa fiada. Aquela narrativa é a única concepção dialeticamente consequente. Todo o seu conteúdo[77] está concentrado propriamente nesta proposição: *o pecado entrou no mundo por meio de um pecado.* Se não fosse assim, o pecado teria entrado como algo de casual, que seria melhor não tentar explicar. A dificuldade para o intelecto constitui precisamente o triunfo desta explicação, sua consequência lógica profunda está em que o pecado se pressupõe a si mesmo, que ele entra no mundo de tal maneira que, ao ser, já é pressuposto. O pecado entra, portanto, como o súbito, isto é, pelo salto; mas este salto põe ao mesmo tempo a qualidade; mas, quando a qualidade é posta, no mesmo instante o salto está voltado para dentro da qualidade e é pressuposto pela qualidade, e a qualidade pelo salto. Isto é um escândalo para o intelecto, *ergo* isto é um mito. Em compensação, ele mesmo inventa um mito que nega o salto e explana o círculo como uma linha reta, e aí tudo se passa naturalmente. Fica fantasiando como teria sido o homem antes da queda do pecado e, à medida que o entendimento vai conversando sobre isso, a projetada inocência torna-se, conversa vai, conversa vem, pouco a pouco pecaminosidade... e então, então de repente ela está aí. O discurso do entendimento nesta ocasião bem pode ser comparado às recitações dos jogos infantis, com os quais a criançada se diverte, do tipo: "um faz; dois fazem; três fazem... nove fazem; *des*-fazem [...]" e aí está então, e se originou da maneira mais natural a partir do que vinha antes. Se o mito do intelecto pudesse significar realmente alguma coisa, deveria ser que a pecaminosidade antecede ao pecado. Porém, se isso é verdadeiro no sentido de que a pecaminosidade veio ao mundo por algo diferente de um pecado, então o conceito está abolido. Mas se a pecaminosidade adentrou o mundo com o pecado, então é que este a antecedeu. Esta contradição é a única dialeticamente consequente, que dá conta tanto do salto quanto da imanência (isto é, a imanência posterior).

Com o primeiro pecado de Adão, *o pecado entrou, portanto, no mundo.* Esta afirmação, que é a comum, contém, entretanto, uma reflexão totalmente exterior que por certo contribuiu muito para o surgimento dos equívocos que pairam por aí[78]. Que o pecado entrou no mundo é bem verdade; mas não é deste modo que isso concerne a Adão. Expresso de maneira bem estrita e correta, há que dizer que, com o primeiro pecado, a pecaminosidade penetrou em Adão. De nenhum outro homem posterior nos ocorrerá dizer que, por seu primeiro pecado, a pecaminosidade tenha entrado no mundo, e, contudo, ela entra no mundo através dele[79] de modo semelhante (quer dizer, de um modo que não é essencialmente diferente); pois, expresso de modo estrito e correto, a pecaminosidade só está no mundo na medida em que é introduzida pelo pecado.

O motivo que levou muita gente a se exprimir de outro modo a respeito de Adão é só um: que a consequência da relação fantástica de Adão com o gênero humano tem de se mostrar por toda parte. Seu pecado é o pecado hereditário. Afora isso, nada mais se conhece a respeito dele. Mas o pecado hereditário, visualizado em Adão, é apenas aquele primeiro pecado. Será, então, Adão o único indivíduo que não tem história? Neste caso, o gênero humano viria a começar com um indivíduo que não é indivíduo, com o que ficariam abolidos ambos os conceitos, de gênero e de indivíduo. Se qualquer outro indivíduo do gênero humano pode, por sua história, ter importância para a história do gênero, Adão também a terá; porém, se a importância de Adão advém tão somente daquele primeiro pecado, o conceito de história é assim abolido – quer dizer, a história teria acabado no instante em que começou[80].

Já que a humanidade então não recomeça com cada indivíduo[81], a pecaminosidade do gênero humano adquire decerto uma história. Esta avança, entretanto, em determinações quantitativas, enquanto o indivíduo participa dela no salto qualitativo. O gênero humano não começa, portanto, do início com cada indivíduo – pois assim não haveria de maneira alguma o gênero humano –, porém cada indivíduo recomeça com o gênero humano.

Quando se quer então afirmar que o pecado de Adão fez entrar no mundo o pecado do gênero humano, com isso ou se tem em mente algo de fantástico, com o que se elimina todo e qualquer conceito, ou se pode com o mesmo direito afirmá-lo de qualquer indivíduo que com seu primeiro pecado faz entrar a pecaminosidade. Arranjar um indivíduo que deve estar fora do gênero humano para inaugurar o gênero humano é um mito do entendimento, do mesmo modo que fazer começar a pecaminosidade de qualquer outro jeito que não pelo pecado. Com isso só se consegue retardar o problema, que naturalmente se voltará ao homem nº 2, ou melhor, ao homem nº 1, já que o nº 1, a rigor, passou a ser o nº 0.

O que, com frequência, engana e auxilia a desencadear todo tipo de representações imaginárias, é a relação de geração, como se o homem posterior fosse essencialmente diferente do primeiro pela descendência. A descendência é apenas a expressão para a continuidade na história da humanidade, que se move sempre por determinações quantitativas e por isso de nenhum modo é capaz de produzir um indivíduo; pois uma espécie animal jamais produzirá um indivíduo, ainda que se conserve ao longo de milhares e milhares de gerações. Se o segundo homem não tivesse descendido de Adão, seria, não o segundo homem, mas uma repetição vazia, e por isso nem se teria tornado humanidade e tampouco indivíduo. Cada Adão avulso teria sido uma estátua por si só, e por isso apenas determinável por meio de uma determinação indiferente, isto é, a numérica, num sentido ainda mais imperfeito do que quando os órfãos de uniforme azul eram designados pelo seu número. Na melhor das hipóteses, cada um em particular teria podido ser ele mesmo, jamais ele mesmo e o gênero humano; não teria história, tal como um anjo não tem história: só é ele mesmo, e não toma parte em história nenhuma.

Não é preciso nem dizer que esta concepção não incorre em nenhuma forma de pelagianismo, o qual faz cada indivíduo representar a sua pequena história em um teatro particular, sem se preocupar com o gênero humano; pois a história da humanidade prossegue tranquilamente em seu caminho, ao longo do qual nenhum indivíduo começa no mesmo ponto em que o outro começou, enquanto que cada indivíduo começa do começo e, no mesmo instante, está lá onde ele deveria começar na história.

§3 O conceito de inocência

Vale aqui, como em toda parte, que, se em nossos dias se quiser encontrar uma definição dogmática, há que começar por esquecer o que Hegel descobriu para socorrer a Dogmática[82]. Sente-se uma certa estranheza diante de teólogos, que todavia, de resto, pretendem permanecer mais ou menos ortodoxos, ao vê-los introduzir neste ponto a observação favorita de Hegel, de que a destinação do imediato é a de ser anulado, como se imediatidade e inocência fossem inteiramente idênticas. Hegel, de modo bem consequente, volatilizou tanto cada conceito dogmático a ponto de fazê-lo levar uma existência reduzida como expressão espirituosa[83] do lógico. Que a imediatidade deva ser abolida, para dizê-lo não se precisaria de Hegel, nem este adquiriu, de modo algum, um mérito imortal por tê-lo dito, pois, pensado logicamente, isso nem sequer é correto, já que o imediato não tem que ser abolido, posto que nunca está aí. O conceito de imediatidade tem seu lugar na Lógica, mas o conceito de inocência na Ética, e cada conceito deve ser tratado a partir da ciência a que pertence, quer o conceito pertença à ciência e nesta se desenvolva, quer venha a ser exposto ao ser pressuposto.

Ora, é antiético dizer que a inocência deva ser superada, pois, ainda que o fosse no instante em que viesse a ser mencionada, a ética não permite esquecer que a inocência não pode ser anulada senão pela culpa. Se alguém fala, pois, da inocência como de algo imediato, e com a rudeza indiscreta da lógica deixa desaparecer esta coisa volátil, ou com a sensibilidade da estética comove-se por ela ter sido e ter desaparecido, está sendo apenas *geistreich*, esquecendo-se do essencial.

Portanto, como Adão perdeu a inocência pela culpa, assim a perde todo e qualquer homem. Se não foi pela culpa que a perdeu, tampouco foi a inocência o que perdeu, e se ele não era inocente antes de tornar-se culpado, então jamais se tornou culpado.

No que concerne à inocência de Adão, não há falta de toda sorte de fantásticas representações, quer tenham adquirido uma dignidade simbólica em tempos nos quais o veludo do púlpito da Igreja bem como o do começo do gênero humano estavam menos gastos do que agora, quer tenham vagabundeado de modo mais aventureiro, como suspeitas descobertas da poesia. Quanto mais se vestia Adão com roupagem fantasiosa, mais se tornava inexplicável que pudesse pecar e mais horrível ficava o seu pecado. Ele tinha, entretanto, desperdiçado numa única jogada toda a glória, e, a este respeito, apelava-se, segundo a hora e a oportunidade, para o sentimentalismo ou para a blague, para a melancolia ou para a leviandade, ficava-se historicamente contrito ou fantasticamente animado – mas não se captava o essencial da questão em termos éticos.

Quanto à inocência dos homens posteriores a Adão (isto é, de todos, exceto Adão e Eva), tinha-se uma noção um pouco mais modesta. O rigorismo ético negligenciava o limite da ética e era bastante honesto para crer que os humanos não aproveitariam a ocasião para escapulir-se do todo, logo que os subterfúgios se tornassem tão fáceis; a frivolidade não se dava conta de nada. Mas é só pela culpa que se perde a inocência; cada homem perde a inocência essencialmente da mesma maneira que Adão o fez, e não interessa à ética fazer de todos os homens, exceto Adão, espectadores da culpabilidade, aflitos e interessados – mas não culpados; nem interessa à Dogmática fazer de todos eles espectadores interessados e simpatizantes da redenção – mas não redimidos.

Se tão frequentemente se tem desperdiçado o tempo da Dogmática e da Ética e o seu próprio para refletir sobre o que teria sucedido se Adão não tivesse pecado, isso só mostra que se traz consigo uma disposição de ânimo incorreta e portanto também um conceito incorreto. O inocente jamais teria a ideia de perguntar dessa maneira, mas o culpado peca quando pergunta assim; pois pretende em sua curiosidade estética ignorar que ele mesmo introduziu a culpabilidade no mundo e ele mesmo perdeu a inocência pela culpa.

A inocência não é, pois, como o imediato, algo que deva ser anulado, cuja destinação é ser anulado, algo que para falar propriamente não existe, e que só vem a existir pelo fato de ser anulado, isto é, vem a existir como aquilo que existia antes de ser anulado e que, agora, está anulado[84]. A imediatidade não é suprimida pela mediatidade, mas, assim que esta aparece, eliminou no mesmo instante a imediatidade. A supressão do imediato é, pois, um movimento imanente à imediatidade, ou é um movimento imanente à mediatidade em sentido inverso, pelo qual esta pressupõe a imediatidade. A inocência é algo que se anula por uma transcendência, justamente porque ela *é algo* (ao contrário, a expressão mais correta para o imediato é a que Hegel usa para o puro ser, é nada), e, por isso, quando a inocência é anulada por uma transcendência, surge daí algo de completamente diferente, enquanto que a mediatidade é precisamente a imediatidade. A inocência é uma qualidade, é um *estado* que pode muito bem perdurar, e por isso a pressa lógica para vê-la anulada não significa nada, enquanto que na Lógica, ao contrário, seria conveniente apressar-se um pouco mais, porque se chega sempre tarde demais, por mais rápido que se ande[85]. A inocência não é uma perfeição que se deva desejar de volta, pois desejá-la já é tê-la perdido, e aí é um novo pecado perder tempo com desejos. A inocência não é uma imperfeição, na qual não se possa permanecer, pois sempre se basta a si mesma, e aquele que a perdeu, da única maneira pela qual pode ser perdida, isto é, pela culpa, e não talvez como gostaria de tê-la perdido, não terá decerto a ideia de elogiar sua própria perfeição à custa da inocência.

A narração do *Gênesis* também dá, agora, a verdadeira explicação da inocência. Inocência é ignorância[86].

Não é, absolutamente, o ser puro do imediato, mas *é* ignorância. Quanto ao fato de que esta, observada de fora, apareça como destinada ao saber, é algo que não tem nada a ver com a ignorância.

É bem evidente que esta concepção não incorre em nenhum pelagianismo. O gênero humano tem sua história; nesta, a pecaminosidade tem sua determinidade quantitativa contínua, mas invariavelmente a inocência só se perde pelo salto qualitativo do indivíduo. É bem verdade que esta pecaminosidade, que progride no gênero humano, pode mostrar-se no indivíduo, que com seu ato a assume, como uma disposição maior ou menor, mas este é um mais ou um menos, um determinar quantitativo, que não constitui o conceito de culpa.

§4 O conceito de queda[87]

Ora, se a inocência é ignorância, então pode parecer que há uma diferença entre a inocência de Adão e a de qualquer homem posterior, na medida em que a culpabilidade do gênero em sua determinidade quantitativa está presente na ignorância do indivíduo[88], e pelo ato deste se mostra como[89] culpabilidade dele. A resposta já está dada: que um mais não constitui uma qualidade. Poderia também parecer que se tornou mais fácil de explicar de que modo o homem posterior perdeu a inocência. Isto, entretanto, é só aparência ilusória. A mais alta de todas as determinações quantitativas não explica melhor o salto qualitativo que a mais baixa: se posso explicar a culpa num homem posterior, posso explicá-la igualmente bem em Adão. Por causa do hábito, mas sobretudo por causa da irreflexão e da estupidez ética, pode parecer que a primeira explicação seja mais fácil que a última. Gostaríamos de nos esquivar da insolação da consequência lógica a apontar verticalmente sobre a nossa cabeça. Haveria que conformar-se com a pecaminosidade, suportá-la junto, etc., etc. Não há por que se incomodar: a pecaminosidade não é uma epidemia que se propague como a varíola do gado, e "toda boca seja fechada"[90]. É bem verdade que uma pessoa pode dizer, com profunda seriedade, que nasceu na miséria e que sua mãe a concebeu em pecado; mas, a rigor, só poderá afligir-se com razão quando ela mesma tiver trazido o pecado ao mundo e colocado tudo sobre seus ombros, pois é uma contradição pretender entristecer-se *esteticamente* pela *pecaminosidade*. O único que, inocente, entristeceu-se pelo pecado, foi Cristo, mas Ele não se afligiu por este como um destino com o qual precisava conformar-se, mas se entristeceu como aquele que livremente elegeu carregar os pecados do mundo inteiro e sofrer o seu castigo. Isto não é nenhuma determinação estética, porque Cristo era mais do que um mero indivíduo[91].

Inocência é, então, ignorância; mas como se perde a inocência? Não é meu propósito enumerar aqui repetitivamente todas as hipóteses engenhosas e absurdas com as quais filósofos e elaboradores de projetos, que só por curiosidade se interessaram pelo grande assunto humano que se chama pecado, sobrecarregaram o começo da história. Em parte, porque não desejo esbanjar o tempo dos outros contando aquilo com que perdi meu tempo para aprender; em parte, porque tudo isso está fora da história, na zona crepuscular onde bruxas e elaboradores de projetos disputam uma corrida montados em cabos de vassoura e espetos de linguiça.

A ciência que tem a ver com a explicação é a Psicologia que, contudo, só é capaz de explicar o rumo da explicação[92] e sobretudo deve cuidar de não dar a aparência de querer explicar o que nenhuma ciência explica, e que tão somente a Ética avança um pouco mais na explicação ao pressupô-la recorrendo à Dogmática. Se tomarmos a explicação psicológica e a retomarmos várias vezes, e a partir daí acharmos que não é inverossímil que o pecado tenha vindo ao mundo realmente desta maneira, já teremos confundido tudo. A Psicologia tem de permanecer dentro de seus limites, e aí sua explicação poderá ter sempre sua importância.

Uma explicação psicológica da queda, desenvolvida com correção e clareza, encontra-se na *Exposição do conceito paulino de doutrina,* de Usteri[93]. Agora, a teologia se tornou tão especulativa que despreza essas coisas, pois é muito mais cômodo, naturalmente, explicar que o imediato tem de ser abolido e ainda mais cômodo o que, às vezes, faz a Teologia quando, na hora decisiva da explicação, ela se torna invisível aos olhos de seus adoradores especulativos. A exposição de Usteri tende a demonstrar que foi justamente a proibição de não comer da árvore da ciência o que fez nascer o pecado de Adão. Ela não desdenha, de jeito nenhum, o ético, mas reconhece que este por assim dizer não faz senão predispor o que surge do salto qualitativo de Adão. Não pretendo avançar mais nesta exposição, assim como ela está dada. Todo mundo a leu ou pode ler, afinal de contas, diretamente no seu autor[94].

O que falta a essa explicação é que não quer ser inteiramente psicológica. Isto não constitui naturalmente nenhuma censura, pois não era esse o seu intento, tendo colocado como objetivo desenvolver a doutrina de São Paulo e apoiar-se nos elementos bíblicos. Mas nesse aspecto a Bíblia tem produzido frequentemente efeitos nocivos. Quando começamos uma investigação, temos já na cabeça certas passagens clássicas, e a explicação e o saber aos quais chegamos consistem num arranjo dessas passagens, como se o todo nos fosse inteiramente estranho. Quanto mais natural, tanto melhor, embora estejamos dispostos a confrontar no maior respeito a nossa explicação com o juízo da Bíblia e, caso este não combine com aquela, tratar então de procurar uma nova explicação. Não chegaremos assim à posição arrevesada de precisarmos entender a explicação antes de entender o que é que se deve explicar, nem tampouco à posição maliciosa que usa passagens da Bíblia como aquele rei persa usava os animais sagrados dos egípcios, para proteger-se em sua luta contra esses[95].

Quando se deixa a proibição condicionar a queda[96], leva-se a proibição a despertar uma *concupiscentia*[97]. Aqui a Psicologia já ultrapassou os limites de sua competência[98]. Uma *concupiscentia* é uma determinação de culpa e de pecado antes da culpa e do pecado e que, no entanto, não é nem culpa nem pecado, ou seja, é posta por este. Enerva-se o salto qualitativo, a queda torna-se algo sucessivo. Não se entende, absolutamente, como é que a proibição desperta a *concupiscentia*, embora seja certo, tanto na experiência pagã quanto na cristã, que a atração do homem é pelo proibido. Mas não se pode apelar assim sem mais para a experiência, pois aí se teria de investigar com detalhes em que período da vida se experimenta tal coisa. A categoria intermediária *concupiscentia* não é nem um pouco ambígua, pelo que já se pode logo ver que ela não constitui uma explicação psicológica. A expressão mais enérgica, a explicação propriamente mais positiva que a Igreja protestante emprega referindo-se à presença do pecado hereditário no homem, é justamente a de que este já nasce com a *concupiscentia* (*Omnes homines secundum naturam propagati nascuntur cum peccato h. e. sine metu dei, sine fiducia erga deum et cum concupiscentia*[99]). E, contudo, a doutrina protestante faz uma distinção essencial entre a inocência do homem posterior (se é que se pode falar de tal coisa) e a de Adão.

A explicação psicológica não deve se deixar desconversar[100], mas tem de se manter em sua elástica ambiguidade, da qual irrompe a culpa através do salto qualitativo.

§5 O conceito de angústia[101]

A inocência é ignorância. Na inocência, o ser humano não está determinado como espírito, mas determinado psiquicamente em unidade imediata com sua naturalidade. O espírito está sonhando no homem. Tal interpretação está em perfeita concordância com a da Bíblia que, ao negar ao homem em estado de inocência o conhecimento da diferença entre bem e mal, condena[102] todas as fantasmagorias católicas sobre o mérito.

Neste estado há paz e repouso, mas ao mesmo tempo há algo de diferente que não é discórdia[103] e luta; pois não há nada contra o que lutar. Mas o que há, então? Nada. Mas nada, que efeito tem?[104] Faz nascer angústia. Este é o segredo profundo da inocência, que ela ao mesmo tempo é angústia. Sonhando, o espírito projeta sua própria realidade efetiva, mas esta realidade nada é, mas este nada a inocência vê continuamente fora dela.

A angústia é uma qualificação do espírito que sonha, e pertence como tal à Psicologia. Na vigília está posta a diferença entre meu eu e meu outro[105]; no sono, está suspensa, e no sonho ela é um nada insinuado. A realidade efetiva do espírito se apresenta sempre como uma figura que tenta sua possibilidade, mas se evade logo que se queira captá-la, e é um nada que só pode angustiar. Mais ela não pode, enquanto apenas se mostra. O conceito de angústia não é tratado quase nunca na Psicologia, e, portanto, tenho de chamar a atenção sobre sua total diferença em relação ao medo e outros conceitos semelhantes que se referem a algo determinado, enquanto que a angústia é a realidade da liberdade como possibilidade antes da possibilidade[106]. Por isso não se encontrará angústia no animal, justamente porque este em sua naturalidade não está determinado como espírito.

Se quisermos considerar as determinações dialéticas da angústia, mostrar-se-á que esta justamente possui a ambiguidade psicológica. A angústia é *uma antipatia simpática* e *uma simpatia antipática*. Vê-se facilmente, penso eu, que esta é uma determinação psicológica num sentido inteiramente diferente daquela da *concupiscentia*. A linguagem usual o confirma inteiramente, pois dizemos: a doce angústia, a doce ansiedade, e dizemos: uma angústia estranha, uma angústia tímida, etc.

A angústia que está posta na inocência, primeiro não é uma culpa e, segundo, não é um fardo pesado, um sofrimento que não se possa harmonizar com a felicidade da inocência. Observando-se as crianças, encontra-se nelas a angústia de um modo mais determinado, como uma busca do aventuroso, do monstruoso, do enigmático. Que haja crianças nas quais ela não se encontra nada prova, pois o animal também não a tem, e quanto menos espírito, menos angústia. Esta angústia é tão essencial à criança, que esta não quer ver-se privada dela; e mesmo se ela a angustia também a cativa com sua doce ansiedade. Esta angústia ocorre em todas as nações que consideram os traços da infância como típicos do sonho do espírito, e quanto mais profunda ela é, tanto mais profunda é a nação. É apenas uma prosaica tolice crer que isso seja uma desorganização. Angústia tem aqui o mesmo significado que melancolia, num momento bem posterior, quando a liberdade, depois de ter percorrido as formas imperfeitas de sua história, deve chegar a ser ela mesma[107], no sentido mais profundo da palavra[108].

Assim como a relação da angústia com seu objeto, com algo que nada é (a linguagem usual também diz concisamente: angustiar-se por nada), é inteiramente ambígua, assim também a passagem que se pode fazer aqui da inocência para a culpa será precisamente tão dialética, que mostrará que a explicação é, como deve ser, psicológica. O salto qualitativo está fora de toda ambiguidade, mas aquele que pela angústia torna-se culpado é contudo inocente, pois não foi ele mesmo, mas a angústia, um poder estranho, que se apoderou dele, um poder que ele não amava, diante do qual, pelo contrário, se angustiava – e, não obstante, indubitavelmente é culpado, pois afundou na angústia, que contudo amava enquanto temia. Não há nada no mundo mais ambíguo, e, por isso mesmo, é esta a única explicação psicológica, enquanto que, para repeti-lo mais uma vez, nunca lhe ocorre querer que esta explicação explique o salto qualitativo. Qualquer representação que mostre que a proibição incitou o homem a pecar ou que o tentador o enganou só tem a ambiguidade suficiente para uma observação superficial; ela desfigura a Ética, reduz o salto qualitativo a movimentos quantitativos e, com ajuda da Psicologia e à custa da Ética, quer fazer um cumprimento ao homem, cumprimento que qualquer um que esteja desenvolvido eticamente há de declinar como uma nova e ainda mais perigosa tentação.

Que a angústia apareça é aquilo ao redor do que tudo gira. O homem é uma síntese do psíquico e do corpóreo. Porém, uma síntese é inconcebível quando os dois termos não se põem de acordo num terceiro. Este terceiro é o espírito. Na inocência, o homem não é meramente um animal. De resto, se o fosse a qualquer momento de sua vida, jamais chegaria a ser homem. O espírito está, pois, presente, mas como espírito imediato, como sonhando. Enquanto se acha então presente é, de certa maneira, um poder hostil, pois perturba continuamente a relação entre alma e corpo, que decerto subsiste sem, porém, subsistir, já que só receberá subsistência graças ao espírito. De outra parte, o espírito é um poder amistoso, que quer precisamente constituir a relação. Qual é, pois, a relação do homem com este poder ambíguo, como se relaciona o espírito consigo mesmo e com sua condição? Ele se relaciona como angústia. O espírito não pode desembaraçar-se de si mesmo; tampouco pode apreender-se a si mesmo, enquanto ele se mantiver fora de si mesmo; nem tampouco o homem pode mergulhar no vegetativo, de jeito nenhum, pois ele está determinado, afinal, enquanto espírito; não pode fugir da angústia, pois ele a ama;

amá-la propriamente ele não pode, porque ele foge dela. Agora a inocência está em seu ápice. Ela é ignorância, mas não uma brutalidade animal, e sim uma ignorância que é qualificada pelo espírito, mas que justamente é angústia, porque sua ignorância se refere a nada. Aqui não há nenhum saber sobre bem e mal etc., mas a realidade inteira do saber projeta-se na angústia como o enorme nada da ignorância.

Ainda há inocência, mas basta que ressoe uma palavra, e a ignorância se concentrará. A inocência não pode, naturalmente, compreender esta palavra, mas a angústia recebeu, por assim dizer, sua primeira presa; ao invés de nada, ela obteve uma palavra enigmática. Assim, quando no *Gênesis* Deus disse a Adão: "Mas não comas os frutos da árvore da ciência do bem e do mal", é óbvio que Adão propriamente não entendeu essas palavras, pois como haveria de entender a distinção entre bem e mal, visto que esta distinção só seguiria à fruição?

Quando, pois, se admite que a proibição desperta o desejo, obtém-se ao invés da ignorância um saber, pois neste caso Adão deve ter tido um saber acerca da liberdade, uma vez que o prazer consistia em usá-la. Esta explicação é, portanto, *a posteriori*. A proibição o angustia porque desperta nele a possibilidade da liberdade. O que tinha passado desapercebido pela inocência como o nada da angústia, agora se introduziu nele mesmo, e aqui de novo é um nada: a angustiante possibilidade de *ser-capaz-de*. Ela não tem nenhuma ideia do que é que ela seria capaz de fazer, pois de outro modo se pressupõe, certamente – como em geral sucede – o que só vem depois, a distinção entre bem e mal. Existe apenas a possibilidade de *ser-capaz-de*, enquanto uma forma superior da ignorância e enquanto uma expressão superior da angústia, porque esta capacidade, num sentido superior, é e não é, porque num sentido superior ela a ama e foge dela.

Às palavras da proibição seguem-se as palavras da sentença: "Certamente tu morrerás". O que significa morrer, Adão, naturalmente, não compreende de jeito nenhum, mas, por outro lado, nada impede, se aceitarmos que isso lhe foi dito, que tenha recebido a representação de algo horrível. Pois até o animal é capaz de, neste sentido, entender a expressão mímica e o movimento da voz do que fala, sem ter entendido a palavra. Se acaso se admite que o desejo desperta a proibição, então também se deve admitir que a ameaça do castigo desperta uma representação assustadora. No entanto, isso confunde as coisas. O horror aqui apenas se converte em angústia, pois Adão não compreendeu o enunciado e tem portanto novamente apenas a ambiguidade da angústia. A infinita possibilidade de *ser-capaz-de*, que a proibição despertou, aproxima-se agora ainda mais porque esta possibilidade manifesta uma outra possibilidade como sua consequência.

Assim, a inocência foi levada ao seu extremo. Ela está na angústia em relação com o proibido e com o castigo. Ela não é culpada e, não obstante, há uma angústia, como se ela já estivesse perdida.

A Psicologia não pode ir mais além, mas é capaz de chegar até este ponto, e isso mais do que tudo ela pode demonstrar inúmeras vezes em sua observação da vida humana.

Ative-me aqui nesta conclusão à narração bíblica. Fiz chegar de fora a proibição e a ameaça do castigo. Isso, naturalmente, atormentou a mais de um pensador. Entretanto, diante dessa dificuldade só se pode sorrir. Afinal de contas, a inocência pode falar. Por conseguinte, possui na linguagem a expressão para todo o espiritual. Nessa medida, basta supor que Adão falou consigo mesmo. E aí desaparece da narrativa a imperfeição de que um outro fale a Adão de algo que este não entende. Só por Adão ser capaz de falar, daí não se segue, certamente, num sentido profundo, que seria capaz de compreender o enunciado. Isto vale, antes de tudo, para a distinção entre bem e mal, que se encontra decerto na linguagem, mas só se dá para a liberdade. A inocência é capaz, muito bem, de anunciar esta diferença, mas a diferença não é para ela, e para ela esta só tem a significação que mostramos anteriormente.

§6 Angústia como pressuposição do pecado hereditário e como explicando de modo retroativo, na volta à sua origem, o pecado hereditário

Repassemos então mais de perto a narrativa do *Gênesis,* tentando deixar de lado a ideia fixa de que se trata de um mito e recordando-nos de que nenhuma época foi tão ágil em produzir mitos do entendimento quanto a nossa, que produz mitos enquanto pretende extirpar todos os mitos.

Ora, Adão havia sido criado, havia dado nome aos animais (aqui está portanto a linguagem, se bem que de maneira imperfeita, tal como as crianças aprendem a conhecer um animal nas cartilhas), porém não havia encontrado companhia para si[109]. Eva foi criada, formada da costela dele. Ela estava numa relação para com ele tão íntima quanto possível e, não obstante, esta ainda era uma relação exterior. Adão e Eva eram apenas uma repetição numérica. Neste sentido, ainda que houvesse milhares de Adões eles não significariam mais do que um único. Isso no que diz respeito à descendência da humanidade a partir de um só casal. A natureza não aprecia uma superfluidade sem importância. Por isso, caso se admita que a humanidade descende de diversos casais, então ocorreu um momento em que a natureza teve uma superabundância fútil. Logo que se estabelece a relação de geração, nenhum homem é uma superfluidade, pois cada indivíduo é ele próprio e a humanidade.

Seguem então a proibição e o juízo. Mas a serpente era o mais astuto de todos os animais dos campos: ela seduziu a mulher. Mesmo que se deseje considerar isso um mito, não se deve esquecer entretanto que ele em nada perturba o pensamento ou confunde o conceito, tanto como o faz um mito do entendimento. O mito faz com que se passe no exterior o que é interior.

O que se deve notar aqui, em primeiro lugar, é que a mulher foi seduzida antes; que ela em seguida seduziu o homem. Mais adiante tentarei examinar, num outro capítulo, em que sentido a mulher é, como se diz, o sexo mais frágil, e também de que modo a angústia é mais própria dela do que do homem[110].

Várias vezes lembrou-se acima que a concepção desenvolvida neste escrito não nega a propagação da pecaminosidade na geração ou, em outros termos, que a pecaminosidade tem na geração a sua história; aí apenas se diz que esta se move por determinações quantitativas, enquanto que o pecado constantemente irrompe pelo salto qualitativo do indivíduo. Aqui já se pode ver um significado do movimento quantitativo da geração. Eva é o derivado. É verdade que ela foi criada tal como Adão, porém foi criada a partir de uma criatura precedente. É verdade que ela é inocente tal como Adão, mas há também como que um pressentimento de uma disposição, que decerto não é, mas pode parecer como uma alusão à pecaminosidade posta pela procriação, que é o derivado, o qual predispõe o indivíduo particular, sem contudo torná-lo culpado.

O que foi dito no §5 a respeito das palavras da proibição e da condenação deve ser aqui recordado. A imperfeição da narrativa – como ocorreria a alguém a ideia de dizer a Adão o que ele essencialmente não consegue entender – desaparece se levarmos em conta que o falante é a linguagem, e que, portanto, é o próprio Adão quem fala[111].

Agora resta a serpente. Não sou amigo de afirmações espirituosas, *e volente deo*[112] hei de resistir às tentações da serpente, a qual, assim como no início dos tempos tentou Adão e Eva, com o correr dos tempos tentou os escrevinhadores a serem espirituosos. Prefiro confessar, com lisura, que não consigo ligar nenhuma ideia exata a ela. Aliás, a dificuldade com a serpente é bem outra: ou seja, a de dar à tentação uma proveniência externa. Isto contraria diretamente a doutrina da Bíblia, contraria a passagem clássica e bem conhecida de São Tiago, de que Deus nem tenta nem é tentado por ninguém, mas cada um é tentado por si mesmo. Pois, se cremos termos salvo Deus ao deixarmos o homem ser tentado pela serpente, e até achamos que estamos de acordo com São Tiago, "que Deus não tenta ninguém"[113], aí colidimos contra o segundo ponto, de que Deus por ninguém é tentado; pois o atentado da serpente contra o homem representa ao mesmo tempo uma tentação indireta contra Deus, ao intrometer-se na relação entre Deus e o homem; e colidimos contra o terceiro ponto: que cada homem é tentado por si próprio.

Segue então a queda. Esta, a Psicologia não consegue explicar; visto que é o salto qualitativo. Consideremos, porém, por um momento, a consequência tal como é contada naquela narrativa, para ainda uma vez fixarmos o olhar sobre a angústia como pressuposição do pecado hereditário.

A consequência foi dupla: o pecado adentrou o mundo, e ficou estabelecido o sexual, e um há de ser inseparável do outro. Isso é de suma importância para mostrar o estado original do homem. Não fosse este, com efeito, uma síntese, que repousava num terceiro, um ato só não poderia ter duas consequências. Não fosse este uma síntese de alma e corpo, que é sustentada pelo espírito, jamais o sexual poderia ter entrado com a pecaminosidade.

Especulações[114] dos fazedores de projetos, vamos deixar de fora e aceitar com toda simplicidade a presença da diversidade sexual antes da queda, só que ela não estava aí, já que ela não se apresenta na ignorância[115]. No que tange a isso, temos apoio nas Escrituras[116].

Na inocência, Adão, enquanto espírito, era um espírito sonhando. A síntese não era, portanto, real; visto que o vinculante é justamente o espírito, e este ainda não foi posto como espírito. No animal, a diferença[117] sexual pode estar desenvolvida de modo instintivo, mas deste modo um homem não pode tê-la, justamente porque ele é síntese. No instante em que o espírito se institui a si mesmo, institui a síntese, porém, para instituir a síntese, antes precisa perpassá-la diferenciando-a, e o extremo do sensível está justamente no sexual. Este ponto extremo o homem só pode alcançar no instante em que o espírito se torna real. Antes desta hora, ele não era um animal, mas não era de modo algum propriamente um homem; apenas no momento em que se torna homem, torna-se tal ao ser simultaneamente animal.

A pecaminosidade não é então a sensualidade, de jeito nenhum; mas, sem o pecado, não há sexualidade e, sem sexualidade, nenhuma história. Um espírito perfeito não tem nem a primeira nem a segunda; razão pela qual, aliás, também a diferença[118] sexual fica abolida na ressurreição, e por isso anjo nenhum tem história[119]. Mesmo se o arcanjo Miguel tivesse registrado todas as missões às quais foi enviado, e que tinha desempenhado, nem assim tais anotações constituiriam a sua história. Só a partir do sexual a síntese é posta como contradição, porém igualmente – como em qualquer contradição – como tarefa, cuja história começa no mesmo momento. Esta é a realidade que é precedida pela possibilidade da liberdade. Mas a possibilidade da liberdade não consiste em poder escolher o bem ou o mal. Um tal disparate[120] não prossegue nem das Escrituras nem do pensamento. A possibilidade consiste em *ser-capaz-de*. Em um sistema lógico é bem fácil dizer que a possibilidade passa para a realidade[121]. Na realidade efetiva, a coisa não é tão fácil, e precisamos de uma determinação intermediária. Tal determinação intermediária é a angústia, que tão pouco explica o salto qualitativo quanto o justifica eticamente. Angústia não é uma determinação da necessidade, mas tampouco o é da liberdade; ela consiste em uma liberdade enredada[122], onde a liberdade não é livre em si mesma, mas tolhida, não pela necessidade, mas em si mesma. Tivesse o pecado entrado no mundo necessariamente (o que constitui uma contradição) não haveria angústia alguma. Se tivesse entrado por um ato de um abstrato *liberum arbitrium* (que, tal como não existiu mais tarde no mundo também não existia no início, visto que é um absurdo lógico[123]), igualmente não haveria nenhuma angústia. Querer explicar pela lógica[124] a entrada do pecado no mundo é uma estupidez que apenas pode ocorrer a pessoas ridiculamente aflitas por achar uma explicação.

Se aqui me fosse permitido expressar um desejo, então desejaria que nenhum leitor tivesse a profundeza de perguntar: e se Adão não houvesse pecado? No momento em que a realidade efetiva é posta, a possibilidade é descartada como um nada, que tenta todos os homens que não se dão ao trabalho de pensar. Pena que a ciência não consegue resolver-se a refrear os homens e a se conter nos limites dela! Sempre que alguém nos fizer uma pergunta boba devemos cuidar para não responder; de outra maneira, seremos tão imbecis quanto o que perguntou. A tolice daquela indagação reside não tanto na pergunta, mas no modo como nos dirigimos à ciência. Se ficamos com a questão, tal como a prudente Else[125] com suas projeções, e a compartilhamos só com os amigos simpatizantes, aí, de algum modo, se tem consciência da própria tolice. A ciência, pelo contrário, não pode explicar tais coisas. Toda e qualquer ciência encontra-se ou numa imanência lógica ou numa imanência dentro de uma transcendência, que ela não consegue explicar. O pecado é exatamente aquela transcendência, aquele *discrimen rerum*, em que o pecado adentra o indivíduo enquanto pessoa individual[126]. De outra maneira o pecado não entra no mundo, e jamais entrou de outro modo. Então, quando o indivíduo singular é tolo o bastante para perguntar a respeito do pecado como algo que não lhe dissesse respeito, está perguntando como um bobo; pois que, ou ele pura e simplesmente não sabe de que se trata, e jamais conseguirá vir a saber, ou ele o sabe e o compreende, e junto também sabe que ciência alguma será capaz de lhe explicar o pecado. Entretanto, a ciência às vezes prestou-se bastante a corresponder a desejos sentimentais com hipóteses cavilosas[127] que ela mesma terminava por admitir que não explicavam suficientemente. Ora, isso também é inteiramente verdadeiro; porém a confusão está em que a ciência não rejeitou com energia problemas tolos, e, pelo contrário, confirmou os homens supersticiosos na expectativa de que algum dia apareceria um homem de ciência, idealizador de sistemas, que seria a pessoa certa para descobrir a solução correta. Comenta-se que já se passaram 6.000 anos desde que o pecado entrou no mundo, bem do mesmo modo que se fala que já faz 4.000 anos desde o momento em que Nabucodonosor foi transformado em boi. Se a questão é concebida deste modo, não é nenhum milagre que a explicação lhe corresponda. Aquilo que, num certo sentido, é a coisa mais simples do mundo, transforma-se no que há de mais complicado. Aquilo que o homem mais singelo compreende ao seu modo, e bem corretamente, pois ele compreende que não se passaram exatamente 6.000 anos desde que o pecado veio ao mundo, a ciência, com a arte de seus idealizadores de projetos, proclama, como uma questão de concurso com premiação, que até os nossos dias jamais foi plenamente respondida. De que modo entrou o pecado no mundo, qualquer homem entende única e exclusivamente a partir de si mesmo; se quiser aprendê-lo de outrem, *ipso facto* equivocar-se-á a respeito. A única ciência que pode fazer alguma coisa é a Psicologia que, contudo, confessa espontaneamente que ela não o explica, e não *pode* nem *quer* explicar mais além. Se alguma ciência conseguisse explicá-lo, então tudo estaria confundido. Que o homem de ciência deva esquecer de si mesmo, está certo; mas por isso também é uma sorte que o pecado não constitua um problema científico, e por isso nenhum homem de ciência, tampouco como os idealizadores de projetos, está obrigado a esquecer como entrou o pecado no mundo. Se quiser fazê-lo, se quiser magnanimamente esquecer de si mesmo, então em seu zelo por explicar toda a humanidade torna-se tão cômico como aquele conselheiro da corte que, de tanto se sacrificar em oferecer cartões de visita para fulano e beltrano, não conseguia afinal, depois de tudo isso, lembrar seu próprio nome. Ou seu entusiasmo filosófico o faz tão esquecediço de si mesmo que ele precisa de uma esposa, ajuizada e de boa índole, a quem ele possa indagar, tal como Soldine perguntava a Rebeca, quando, em arrebatado autoesquecimento, perdia-se na objetividade da conversa: Rebeca, quem está falando sou eu?[128]

Está completamente em ordem que os homens de ciência, admirados por minha honorável época – os quais, em sua solicitude (notória para toda a comunidade) e sua procura pelo Sistema, também cuidam decerto de encontrar neste um lugar para o pecado –, acharão o acima exposto extremamente acientífico. Quer os paroquianos participem da procura, quer incluam esses pesquisadores profundos em seus piedosos sufrágios, tão certo é que acharão o lugar quanto é certo que aquele que procura por um chicote queimando o encontrará, mesmo que não o perceba, quando ele queimar na sua própria mão.

Caput II

Angústia na progressão do pecado hereditário[129]

Junto com a pecaminosidade foi posta a sexualidade. No mesmo instante começa a história do gênero humano. Ora, como a pecaminosidade no gênero humano move-se em determinações quantitativas, assim também o faz a angústia. A consequência do pecado hereditário ou a sua presença no indivíduo é angústia, que só quantitativamente se diferencia da de Adão. No estado de inocência – e deve ser possível, afinal, falar de um tal estado no homem que vem depois – o pecado hereditário deve ter a ambiguidade dialética da qual surge a culpa no salto qualitativo. Em contrapartida, a angústia será mais refletida num indivíduo posterior do que em Adão, porque o aumento quantitativo acumulado pelo gênero humano faz-se valer no indivíduo posterior. Sem embargo, a angústia não é, nem neste caso nem em outro qualquer, uma imperfeição do homem, e pode-se dizer, ao contrário, que quanto mais original é um homem, tanto mais profunda será sua angústia, porque ao entrar na história do gênero humano ele precisa apropriar-se do pressuposto da pecaminosidade, que sua vida individual supõe. A pecaminosidade obteve assim, em certo sentido, um poder maior, e o pecado hereditário vai crescendo. Que haja homens que não sentem nenhuma angústia, dá para entender, assim como Adão não teria sentido angústia se tivesse sido apenas um animal.

O indivíduo posterior é, tal como Adão, uma síntese que deve ser suportada pelo espírito; mas é uma síntese derivada e, portanto, a história do gênero humano está posta junto com ela; aqui reside aquele mais ou menos da angústia do indivíduo posterior. Sua angústia, porém, não é a angústia diante do pecado; pois a diferença entre bem e mal não está dada, já que esta diferença só se constitui com a realidade efetiva da liberdade. Se esta distinção está presente, só o está como uma noção pressentida que, porém, no decurso da história da família humana, pode significar novamente um mais ou um menos.

O fato de que a angústia no indivíduo posterior é mais refletida – em consequência de sua participação na história do gênero humano, que é comparável com o hábito, o qual decerto é a segunda natureza, mas no entanto não uma nova qualidade, e sim somente um progresso quantitativo – decorre de que a angústia agora entra no mundo também num outro significado. O pecado surgiu na angústia, mas o pecado trouxe consigo, por sua vez, a angústia. A realidade do pecado é, com efeito, uma realidade que não tem consistência. De um lado, a continuidade do pecado é a possibilidade que angustia; por outro lado, a possibilidade de uma salvação é por sua vez um nada que o indivíduo tanto ama quanto teme, pois é sempre assim a relação da possibilidade para com a individualidade. Só no momento em que a salvação é realmente posta, só então é superada esta angústia. A ansiosa expectativa do homem e da criação[130] não é, como se pretendeu dizer sentimentalmente, uma doce nostalgia, pois para que a nostalgia pudesse ser uma tal, o pecado já precisaria estar inteiramente desarmado. Quem verdadeiramente buscar conhecer a fundo o estado de pecado, e ver como pode ser sua expectativa da salvação, sem dúvida reconhecerá isso, e se envergonhará um pouco da desenvoltura estética[131]. Enquanto só se falar de expectativa, o pecado ainda terá poder sobre o homem, e naturalmente conceberá a expectativa de maneira hostil (este assunto será tratado mais adiante). Quando a salvação é posta, a angústia é deixada para trás, tanto quanto a possibilidade. Não é por isso anulada totalmente, mas desempenha agora um outro papel, quando utilizada corretamente (cap. V).

A angústia que o pecado traz consigo decerto só ocorre propriamente quando o indivíduo mesmo põe o pecado, mas, em todo caso, está presente de uma maneira obscura como um mais ou menos na história quantitativa do gênero humano. Por isso também neste caso topar-se-á com o fenômeno de alguém que parece tornar-se culpado meramente por angustiar-se por si mesmo, coisa que não se poderia dizer de Adão. É certo que, apesar disso, todo indivíduo só se torna culpado por si mesmo, mas o processo quantitativo na relação do gênero humano alcança agora o seu máximo e poderá confundir toda e qualquer consideração que não leve em conta a diferença indicada entre o aumento quantitativo e o salto qualitativo. Este fenômeno deve ser tratado mais adiante. Em geral é ignorado, o que é também o mais cômodo. Ou então vem a ser interpretado de maneira sentimental e emocional, com uma simpatia covarde que agradece a Deus por não ter se tornado um desses[132], sem considerar que semelhante ação de graças é traição a Deus e a si mesmo, e sem considerar que a vida abriga a todo tempo fenômenos análogos, que talvez não se consiga evitar. Há que ter simpatia, mas a simpatia só é verdadeira quando se confessa intimamente que o que atinge a um pode atingir a todos. Só então se obterá um proveito para si e para os demais. O médico de um manicômio que seja bastante tolo para crer que continuará sensato por toda eternidade e que seu bocado de razão está por toda a vida assegurado contra o risco de qualquer acidente é, num certo sentido, mais sensato que os dementes, porém, ao mesmo tempo, mais tolo, e seguramente não há de curar a muitos.

A angústia significa, pois, duas coisas. A angústia na qual um indivíduo põe o pecado, por meio do salto qualitativo, e a angústia que sobreveio e sobrevém com o pecado e que, portanto, também entra no mundo determinada quantitativamente, a cada vez que o indivíduo põe o pecado.

***

Não é minha intenção escrever uma obra erudita, ou perder tempo em procurar comprovações em referências literárias. Frequentemente os exemplos que são apresentados nas psicologias carecem da autoridade poético-psicológica propriamente dita. Permanecem como um fato isolado, autenticado *notarialiter*[133], mas justamente por isso não se sabe se há que rir ou chorar de uma tal tentativa de um sujeito obstinado que pretende sozinho formar uma espécie de regra. Quem se ocupou, segundo um critério correto, com psicologia e observação psicológica adquiriu uma flexibilidade humana universal que o põe em condições de prontamente ser capaz de formar seu exemplo, o qual, se não possui a autoridade da facticidade[134], tem contudo uma outra autoridade[135]. É próprio do observador psicológico ser mais ágil do que um equilibrista na corda bamba para conseguir de algum modo entrar na pele das pessoas e imitar seus gestos, assim como o silêncio que ele faz no instante da confiança deve ser sedutor e voluptuoso – de modo que a coisa oculta[136] deseje escapulir e ter uma conversinha consigo mesma nessa situação discreta e tranquila, produzida artificialmente – assim como ele também deve ter uma originalidade poética em sua alma para prontamente conseguir criar o total e o regular a partir daquilo que no indivíduo geralmente só está presente de maneira parcial e irregular. Quando então se tiver aperfeiçoado, não precisará buscar seus exemplos nos repertórios literários nem colocar no balcão reminiscências semimortas, mas conseguirá pescar suas observações bem frescas, recém-saindo da água, ainda pulando e dançando em seu brilho colorido. De jeito nenhum precisará esfalfar-se no esforço de prestar atenção a alguma coisa. Ao contrário, sentará bem tranquilo em seu quarto, como um agente policial que ainda assim está sabendo de tudo o que anda ocorrendo. Aquilo de que precisa, ele é capaz de formar prontamente; aquilo de que precisa pode ter à mão rapidamente em virtude de sua prática ordinária, tal como numa casa bem construída não se precisa descer até a rua para buscar água, mas a alta pressão a traz ao andar de cima. Se ele ficasse em dúvida, já estaria tão orientado na vida humana e o seu olhar seria tão inquisitoriamente agudo, que ele saberia onde procurar e facilmente descobrir uma individualidade qualquer que lhe servisse para o experimento. Sua observação deve permanecer confiável, digam os outros o que quiserem, mesmo que ele não a documente com nomes ou citações eruditas, que na Saxônia havia uma jovem camponesa na qual um médico observou não sei o quê, que em Roma viveu um imperador do qual um historiador narra isso ou aquilo, e assim por diante, como se tais coisas não se apresentassem apenas uma vez a cada mil anos. Que interesse teria então a Psicologia? Não, ele está em tudo o que acontece a cada dia, contanto que o observador esteja presente. Sua observação deve ter a marca da novidade e ter o interesse da realidade efetiva, quando ele emprega a precaução de controlar sua observação. Para essa finalidade, imita em si mesmo cada tonalidade afetiva, cada estado de alma que descobre numa outra pessoa. Depois verifica se pode iludir o outro com a imitação, se consegue lançá-lo a uma realização mais extremada, a qual é sua própria criação pela força da ideia. Assim, quando se quer observar uma paixão, escolha-se o seu indivíduo. O que importa agora é calma, silêncio, não se fazer notar, para se poder espionar-lhe o segredo. Depois se exercita o que se aprendeu até ficar-se em condições de iludi-lo. Depois se compõe poeticamente a paixão, que é mostrada a ele na grandeza sobrenatural da paixão. Se tudo for feito corretamente, o indivíduo sentirá um alívio e uma satisfação indescritíveis, tal como o sente um louco quando a gente encontra e apreende poeticamente sua ideia fixa, e logo a gente a leva mais adiante. Se não se for bem-sucedido, o motivo pode estar num erro de operação, mas pode ser também porque esse indivíduo era afinal um exemplar ruim.

§1 Angústia objetiva

Ao usarmos a expressão "angústia objetiva", poderíamos inicialmente ser levados a pensar naquela angústia da inocência que é a reflexão da liberdade em si mesma e em sua possibilidade. Por outro lado, querer objetar que não se percebe que nós agora nos encontramos num ponto diferente de nossa investigação não seria uma resposta suficiente. Ao contrário, poderia ser mais útil lembrar que a distinção angústia objetiva reside na diferenciação frente à angústia subjetiva, uma distinção de que nem se poderia falar no tocante ao estado de inocência de Adão. No sentido mais estrito, a angústia subjetiva é a angústia posta no indivíduo[137], que é a consequência do seu pecado. Sobre a angústia nesse sentido falar-se-á num capítulo posterior[138]. Mas, se a palavra é tomada desta maneira, fica excluída a oposição de uma angústia objetiva, apresentando-se a angústia precisamente como aquilo que é, como o subjetivo. A distinção entre angústia objetiva e subjetiva tem, não obstante, seu lugar na consideração do mundo e do estado de inocência do indivíduo posterior. A divisão apresenta-se aqui de tal modo que a angústia subjetiva agora designa a angústia presente na inocência do indivíduo[139], a qual corresponde à de Adão, mas que é, sem embargo, quantitativamente diferente dela, uma vez que é determinada em termos de quantidade pela geração. Entendemos por angústia objetiva, por outra parte, o reflexo daquela pecaminosidade da geração no mundo inteiro.

No §2 do capítulo anterior lembrou-se que a expressão: "com o pecado de Adão a pecaminosidade *entrou no mundo*" contém uma reflexão exterior; aqui é o lugar para readmitir aquela expressão com a verdade que pode haver nela. No momento em que Adão cometeu o pecado, a observação o abandona para observar a origem do pecado em cada indivíduo[140] posterior; pois agora está posta a geração. Se, com o pecado de Adão foi posta a pecaminosidade do gênero humano no mesmo sentido que o andar ereto etc., o conceito de indivíduo[141] está abolido. Isto foi analisado nas páginas anteriores, onde também se protestou contra o afã de novidades do experimentador que trata o pecado como algo de curioso, e se estabeleceu este dilema: que se precisaria fingir ou alguém que interrogasse e que nem mesmo soubesse sobre o que estaria interrogando, ou então alguém que interroga, sabendo-o, e cuja pretensiosa ignorância viria a ser um novo pecado.

Quando então se leva tudo isso em conta, reconhece-se assim aquela expressão sua verdade limitada. O primeiro põe a qualidade.

Adão põe então o pecado em si mesmo, mas também para o gênero humano. Mas o conceito de gênero humano é demasiado abstrato para que se pudesse pôr uma categoria tão concreta como o pecado, o qual é posto precisamente pelo fato de que o próprio indivíduo o põe como o indivíduo[142]. A pecaminosidade no gênero humano torna-se, pois, apenas uma aproximação quantitativa, mas esta tem seu início com Adão. Aqui radica a significação maior que Adão possui frente a qualquer outro indivíduo[143] dentro do gênero humano, aí reside a verdade daquela expressão. Isso há de admitir até mesmo uma ortodoxia que procure entender-se a si mesma, já que ela ensina que com o pecado de Adão tanto o gênero humano quanto a natureza caíram sob o pecado, mas, em relação à natureza, não se pode dizer que o pecado tenha entrado como a qualidade do pecado.

Ao entrar, pois, o pecado no mundo, adquiriu importância para toda a criação. Este efeito do pecado na esfera não humana do ser[144] é o que qualifiquei de angústia objetiva.

O que se quer dizer com isso, posso indicá-lo com uma referência à expressão da Escritura: αποκαραραδοκια της κτισεος[145] (Rm 8,19). Pois na medida em que é preciso falar de um desejo veemente[146], é óbvio que a criação se encontra num estado de imperfeição. Frequentemente não se percebe que tais expressões e determinações como nostalgia, desejo veemente, expectativa, etc., implicam um estado anterior e que este, portanto, está presente e se faz valer ao mesmo tempo em que se desenvolve a nostalgia. O estado em que se encontra aquele que está à espera não é um estado em que foi parar por acaso, etc., de sorte que ele se julgue inteiramente estranho nele, mas ele mesmo o produz ao mesmo tempo. Angústia é expressão de uma tal nostalgia; pois na angústia se anuncia o estado do qual ele deseja sair, e se anuncia, porque a nostalgia sozinha ainda não basta para salvá-lo.

Em que sentido, pelo pecado de Adão, a criação afundou na perdição, de que maneira a liberdade, por ter sido posta pelo abuso que se faz dela, lançou um reflexo da possibilidade e um tremor de cumplicidade sobre a criatura, em que sentido isto tinha de suceder porque o homem é a síntese, cujos contrastes mais extremados foram postos, e se por acaso um desses contrastes justamente pelo pecado do homem se tornou um contraste ainda mais extremado do que já o era – tudo isto não tem seu lugar numa investigação psicológica, mas pertence à Dogmática, à doutrina da redenção, em cuja explicação esta ciência explica o pressuposto da pecaminosidade[147].

Essa angústia na criação pode chamar-se com razão de angústia objetiva. Ela não foi produzida pela criação, mas se produziu pela projeção sobre ela de uma luz inteiramente diferente, pelo fato de que pelo pecado de Adão a sensualidade foi rebaixada a pecaminosidade e, na medida em que o pecado continua a entrar no mundo, continuamente é degradada para significar pecaminosidade. Vê-se facilmente que essa concepção mantém abertos os seus olhos, também no sentido em que rejeita a interpretação racionalista de que a sensualidade como tal é pecaminosidade. Desde que o pecado veio ao mundo e a cada vez que vem a ele, a sensualidade se torna pecaminosidade, mas aquilo que se torna não o era anteriormente. Franz Baader protestou com bastante frequência contra a afirmação de que a finitude, a sensualidade como tal, seria pecaminosidade. Mas, a menos que se ande com cuidado neste terreno, incorre-se, por um lado bem diferente, no pelagianismo. Franz Baader, com efeito, em sua determinação não levou em conta a história do gênero humano. Na progressão quantitativa do gênero humano (portanto, de modo inessencial), a sensualidade é pecaminosidade; mas não o é na relação com o indivíduo[148], enquanto este não fizer de novo da sensualidade a pecaminosidade, pondo ele mesmo o pecado.

Alguns homens da escola de Schelling[149] prestaram uma atenção especial na alteração[150] que ocorreu com a criação por causa do pecado. Aí também se falou de uma angústia que haveria na natureza inanimada. Mas o efeito se enfraquece quando ora se acredita estar diante de um filosofema sobre a natureza[151], engenhosamente tratado com o auxílio da Dogmática, ora de uma determinação dogmática que se deleita com um reflexo de mágicos esplendores da Filosofia Natural.

Contudo, aqui interrompo o que só deixei vir ao primeiro plano para no instante seguinte rejeitar para além dos limites da presente investigação. Tal e qual como era em Adão, a angústia não retornará jamais, pois por meio dela veio a pecaminosidade ao mundo. Sobre esta base, aquela angústia encontrou duas analogias: a angústia objetiva na natureza e a angústia subjetiva no indivíduo[152]. Esta última contém um mais e a primeira, um menos, com respeito à angústia de Adão.

§2 Angústia subjetiva

Quanto mais reflexivamente se ousa pôr a angústia, tanto mais facilmente poderia parecer que se consegue convertê-la em culpa. Mas aqui é importante não se deixar enganar por determinações aproximativas; que nenhum "mais" produz o salto, que nenhum "mais facilmente" facilita em verdade a explicação. Se não se mantém isso em mente, corre-se o risco de tropeçar de súbito com um fenômeno, no qual tudo desliza tão facilmente que a transição converte-se numa simples transição, ou o risco de não poder nunca concluir o curso do próprio pensamento, porque a observação puramente empírica não pode acabar nunca. Ainda que a angústia se torne mais e mais refletida, a culpa que brota da angústia com o salto qualitativo conserva contudo o mesmo grau de imputabilidade que a de Adão, e a angústia, a mesma ambiguidade.

Pretender negar que qualquer indivíduo posterior tenha ou deva ter tido um estado de inocência análogo ao de Adão não só indignaria a qualquer um como também anularia necessariamente todo pensamento, pois neste caso haveria um indivíduo que não seria um indivíduo, senão que se relacionaria apenas como um exemplar com sua espécie e, não obstante, ao mesmo tempo deveria ser considerado sob a determinação própria do indivíduo, isto é: como culpado.

Angústia pode-se comparar com vertigem. Aquele, cujos olhos se debruçam a mirar uma profundeza escancarada, sente tontura. Mas qual é a razão? Está tanto no olho quanto no abismo. Não tivesse ele encarado a fundura!... Deste modo, a angústia é a vertigem da liberdade, que surge quando o espírito quer estabelecer a síntese, e a liberdade olha para baixo, para sua própria possibilidade, e então agarra a finitude para nela firmar-se. Nesta vertigem, a liberdade desfalece. Avançar mais a Psicologia não pode, nem tampouco quer. No mesmo instante tudo se modifica, e quando a liberdade se reergue, percebe que ela é culpada. Entre estes dois momentos situa-se o salto, que nenhuma ciência explicou nem pode explicar. Aquele que se torna culpado na angústia, torna-se culpado da maneira mais ambígua possível. A angústia é uma impotência feminina, na qual a liberdade desmaia, em termos psicológicos, a queda sempre ocorre na impotência; mas ao mesmo tempo a angústia é a coisa mais egoísta que há, e nenhuma expressão concreta da liberdade é tão egoísta como a possibilidade de qualquer concreção. Isto é, uma vez mais, o elemento que oprime, que determina a relação ambígua do indivíduo, de simpatia e antipatia. Na angústia reside a infinitude egoísta da possibilidade, que não tenta como uma escolha, mas angustia, insinuante, com sua doce ansiedade.

No indivíduo posterior a angústia é mais refletida. Isto se pode expressar dizendo que o nada, que é o objeto da angústia, torna-se cada vez mais um algo. Não dizemos que se torne realmente algo ou que signifique realmente algo, não dizemos que se tenha de substituir, agora, ao invés do nada, o pecado ou qualquer outra coisa; pois vale aqui para a inocência do indivíduo posterior o que foi dito sobre a de Adão: tudo isso só é para a liberdade e só é na medida que o indivíduo mesmo coloca o pecado pelo salto qualitativo. O nada da angústia é, então, neste caso um complexo de pressentimentos, os quais se refletem em si mesmos, aproximando-se mais e mais do indivíduo, embora, vistos essencialmente, na angústia tornem a significar nada; mas, bem entendido, não um nada com o qual o indivíduo não teria nada a ver, mas um nada que se comunica de maneira viva[153] com a insciência da inocência[154]. Essa reflexividade constitui uma predisposição que, antes que o indivíduo se torne culpado, vista essencialmente, afinal de contas nada significa; enquanto que, tão logo o indivíduo se faz culpado no salto qualitativo, constitui o pressuposto no qual o indivíduo é impelido para além de si mesmo, porque o pecado se pressupõe a si mesmo, não, é claro, antes de ser posto (isto seria uma predestinação), mas se pressupõe a si mesmo, uma vez posto.

Consideremos agora mais de perto o algo que o nada da angústia pode significar no indivíduo posterior. Na consideração psicológica ele, em verdade, já vale por algo. Mas a consideração psicológica não esquece que, se um indivíduo se tornasse culpado, sem mais, só devido a este algo, toda e qualquer observação estaria anulada.

Esse algo, que o pecado hereditário significa *stricte sic dicta*[155], é:

A A consequência da relação de geração

Segue-se por si mesmo que não se trata aqui de algo que possa interessar aos médicos, como se alguém nascesse defeituoso, etc. Tampouco se trata, absolutamente, de obter um resultado com séries de tabelas. O importante aqui, como sempre, é que a atmosfera seja a correta. Quando se ensina que o granizo e as más colheitas devem ser postos na conta do diabo, isso bem pode ter sido dito com uma boa intenção, porém, no essencial, isto é um dito *espirituoso* que debilita a ideia de mal, e introduz aí uma tonalidade quase humorística, tal como é um gracejo estético chamar o diabo de estúpido. – Quando, no conceito de *fé*, afirmamos unilateralmente o aspecto histórico, de tal modo que acabamos por esquecer sua originalidade primitiva no indivíduo, ela se torna uma tacanhice finita, em vez de ser uma livre infinitude. O efeito disso é que se chega a falar sobre a fé como o Jerônimo de Holberg, que acusa Erasmo de ter opiniões errôneas na fé, porque este admitia ser a terra redonda e não plana, tal como, geração após geração, sempre se acreditou lá na montanha[156]. Deste jeito, também se pode ficar extraviado da fé por andar com calções tufados quando todo o pessoal lá de cima[157] anda com calças estreitas. – Quando se fornecem quadros estatísticos sobre o estado de pecaminosidade, desenham mapas sobre esta situação, e com auxílio de cores e de relevos prontamente se facilita a visão de conjunto, aí se faz, afinal, uma tentativa de tratar o pecado como uma curiosidade da natureza, que não se pode evitar, mas apenas calcular, tal como a pressão atmosférica ou o grau de precipitação da chuva; e a moda e a média que resultam são *nonsens* num sentido bem diferente do que naquelas ciências puramente empíricas. Seria afinal um *Abracadabra* muito ridículo se alguém pretendesse, com seriedade, declarar que em média ocorrem para cada homem cerca de 3 polegadas e 3/8 de pecaminosidade, ou que no Languedoc a média chega só a 2 1/4, contra 3 7/8 na Bretanha. – Tais exemplos são tão pouco supérfluos quanto os da Introdução, já que foram tirados do domínio do círculo para dentro do qual a sequência da discussão mover-se-á.

Com o pecado, a sensualidade tornou-se pecaminosidade. Esta proposição tem um significado duplo. Com o pecado a sensualidade tornou-se pecaminosidade e, com Adão, o pecado entrou no mundo. Essas definições devem permanecer separadas uma da outra, pois senão se pronuncia algo falso. Com efeito, que a sensualidade um dia se tenha tornado pecaminosidade, pertence à história da geração, mas, que a sensualidade venha a ser isso, constitui o salto qualitativo do indivíduo.

Foi lembrado (Cap. I, §6) que o surgimento de Eva já prefigurava simbolicamente o efeito da relação das gerações. Designava, de algum modo, o ser derivado. O derivado jamais é tão perfeito como o primordial[158]. Contudo, a diferença aqui é só quantitativa. O indivíduo que vem depois é essencialmente tão primordial como o primeiro. Para todos os indivíduos que vieram depois, *in pleno* "como um todo", a diferença está na derivação; mas a derivação, para o indivíduo, pode, por sua vez, significar um mais ou um menos.

A derivação dessa mulher contém ainda a explicação de em que sentido ela é mais fraca que o homem, algo que foi aceito em todos os tempos, quer seja um paxá quem fala, quer seja um cavalheiro romântico. A diferença, entretanto, não diz outra coisa, senão que o homem e a mulher são essencialmente iguais, apesar da diversidade. A expressão da diferença está em que a angústia é mais refletida em Eva do que em Adão. Isso tem sua razão no fato de que a mulher é mais sensual do que o homem. Não estamos nos referindo aqui a um estado empírico nem a uma média, porém à diversidade na síntese. Quando numa das partes da síntese há um mais, então, como uma consequência disso, na medida em que o espírito se estabelecer, a separação se alargará mais profundamente, e a angústia terá um espaço de manobra maior na possibilidade da liberdade. Na narrativa do *Gênesis* é Eva quem seduz Adão. Daí não segue, contudo, de modo algum, que a sua culpa seja maior que a de Adão e, menos ainda, que a angústia seja uma imperfeição, já que a sua grandeza, pelo contrário, é uma profecia sobre a grandeza da perfeição.

Já aqui a investigação percebeu que a condição da sensualidade corresponde à da angústia. Tão logo então a relação da geração se mostra, percebe-se que aquilo que foi dito de Eva é apenas uma indicação do que seria a relação com Adão de todos os indivíduos posteriores, a saber: à medida que vai aumentando a sensualidade na geração, aumenta também a angústia. O efeito da relação de geração significa aí um mais, de tal maneira que nenhum indivíduo escapa desse aumento que diferencia de Adão todos os indivíduos posteriores, sem, entretanto, chegar a um aumento tal que ele se tornasse essencialmente diferente de Adão.

Contudo, antes de passarmos a isso, desejo esclarecer primeiro um pouco mais em detalhe a proposição de que a mulher é mais sensual do que o homem e mais sujeita à angústia.

Que a mulher é mais sensual do que o homem prova-o logo a sua estrutura corporal. Expô-lo mais concretamente não é assunto meu; mas é uma tarefa para a Fisiologia. Em compensação, demonstrarei a minha proposição de outro modo, qual seja, colocando-a sob o seu ponto de vista esteticamente ideal, que é o da beleza, recordando que a circunstância de este ser o seu ponto de vista ideal prova justamente que ela é mais sensual do que o homem[159]. A seguir, ainda a introduzirei no seu ponto de vista eticamente ideal, o da procriação, recordando que a circunstância de ser esta a sua perspectiva ideal demonstra justamente que ela é mais sensual do que o homem.

Quando é a beleza que deve dominar, ela realiza uma síntese da qual o espírito está excluído. Este é o segredo de toda a cultura grega. Por essa razão, paira uma segurança, uma calma solenidade sobre a beleza grega; porém, por esse mesmo motivo, há também uma angústia, que o grego, decerto, nem sentia, embora a sua beleza plástica estremecesse nela. Por isso há uma despreocupação[160] na beleza grega, porque o espírito está excluído, mas por isso também há uma profunda tristeza[161] inexplicada. Por isso a sensualidade não é pecaminosidade, porém um enigma sem explicação, que angustia; por isso a ingenuidade está acompanhada de um nada inexplicável, que é o da angústia.

Ora, é verdade que a beleza grega concebe o homem e a mulher essencialmente da mesma maneira, ou seja, não espiritualmente, porém ela faz, de qualquer jeito, uma diferença no interior da igualdade. O espiritual tem a sua expressão no rosto. Contudo, na beleza viril, o rosto e a expressão são mais essenciais do que na beleza feminina, embora a eterna juventude da obra plástica termine sempre por impedir que o espiritual mais profundo venha à tona. Não é meu objetivo fazer uma exposição pormenorizada deste ponto. Quero apenas comprovar a diversidade por meio de uma indicação avulsa. Representada dormindo, Vênus permanece essencialmente com a mesma beleza, é então, quiçá, mais linda e, contudo, o estar dormindo é exatamente o meio de se expressar a ausência do espírito. Daí segue que, quanto mais a individualidade avança na idade e no crescimento espiritual, menos belo é o homem adormecido, enquanto que a criança tem mais beleza quando dorme. Vênus surge das ondas do mar e é apresentada numa atitude de repouso, ou numa atitude que reduz a expressão do rosto em nível de inessencial. Por outro lado, sempre que se deve representar Apolo, não seria indicado deixá-lo adormecer; não menos do que um Júpiter. Com isso Apolo se tornaria feio, e Júpiter ridículo. Com Baco, poder-se-ia fazer uma exceção, mas ele é, na arte da Grécia, justamente a indiferença entre beleza masculina e feminina, razão pela qual as formas dele também são femininas. Em Ganimedes, ao contrário, a expressão facial já possui um alcance mais essencial.

Dado que a beleza tornou-se outra, repete-se, pois, mais uma vez no Romantismo a diferença no interior da igualdade essencial. Enquanto a história do espírito (que sempre tem história – eis justamente o seu segredo) ousa imprimir seus traços no semblante do homem, de tal modo que nos esquecemos de tudo contanto que sua obra seja nítida e nobre, assim a mulher atuará de uma outra maneira como totalidade, embora o rosto tenha recebido uma importância maior do que no classicismo. Com efeito, a expressão tem que ser uma totalidade que não possua nenhuma história. É por isso que o silêncio é não somente a suprema sabedoria da mulher, mas também a sua suprema beleza.

Considerada do ponto de vista ético, a mulher culmina na procriação. Por isso diz a Escritura que seu desejo a impelirá para o homem. É certo que também o desejo do homem está voltado para ela; mas a vida dele não culmina neste desejo, a não ser que essa vida seja má ou perdida. O fato, porém, de que a mulher culmina neste ponto, mostra, justamente, que ela é mais sensual.

A mulher está mais sujeita à angústia do que o homem. Ora, isso não tem a ver com o fato de que ela possui menor força física, etc., pois aqui não se trata, absolutamente, desse tipo de angústia; mas se baseia no fato de que ela é mais sensual e, contudo, está por essência determinada espiritualmente, do mesmo modo que o homem. Por isso, o que se tem dito por aí, a toda hora, que ela é o sexo mais fraco, é, para mim, bastante indiferente; pois por essa mesma razão ela poderia muito bem se angustiar menos do que o homem. A angústia aqui precisa ser tomada sempre na direção da liberdade. Quando, então, a narrativa do *Gênesis,* contrariamente a toda analogia, faz a mulher seduzir o homem, isto, examinado mais de perto, está absolutamente em ordem, pois tal sedução é exatamente uma sedução feminina, dado que Adão, afinal, a rigor, só por meio de Eva vem a ser seduzido pela serpente. Nas demais situações, quando se fala de sedução, a linguagem usual (encantar, persuadir, etc.) insiste sempre na superioridade do homem.

O que se pode então admitir como reconhecido por toda experiência, quero apenas mostrar com uma observação experimental. Quando imagino uma mocinha inocente, e deixo que um homem lhe atire um olhar de desejo: aí ela se sentirá presa da angústia. Ela pode, de resto, ficar indignada, etc., mas em primeiro lugar ela fica angustiada. Se imaginar, por outro lado, uma mulher a atirar olhares cheios de desejo sobre um jovem inocente, aí seu estado de ânimo não será de angústia, mas quando muito sentirá um pudor misturado com repugnância, justamente porque ele está mais determinado como espírito.

Pelo pecado de Adão, a pecaminosidade entrou no mundo, e com ela a sexualidade, e essa veio a significar, para ele, a pecaminosidade. O sexual foi posto. Muita conversa fiada tem circulado no mundo, oralmente ou por escrito, sobre a ingenuidade. Contudo, só a inocência é ingênua, mas ela também é insciente. Logo que o sexual chega à consciência, querer falar de ingenuidade constitui falta de reflexão, afetação e, muitas vezes, o que é pior, um disfarce para o desejo. Entretanto, só porque o homem não é mais ingênuo, daí não se segue que ele peque. Apenas essas insípidas adulações é que atraem os homens, justamente desviando-lhes a atenção do verdadeiro e dos bons costumes[162].

Toda a questão da importância do sexual, bem como de sua importância nas esferas particulares, tem sido, até o momento, inegavelmente respondida de maneira bem medíocre e, sobretudo, muito raramente respondida na atmosfera correta. Fazer piadas sobre isso é uma arte bem pobre; advertir não é difícil; fazer sermões sobre o assunto de modo que se deixe de lado a dificuldade, não é tampouco difícil; porém falar de maneira humana justa constitui uma arte. Fazer com que o palco e o púlpito assumam tal resposta, de tal maneira que um se constranja de dizer o que o outro diz, e por essa razão a explicação de um permaneça, de um modo que grita aos céus, diferente da do outro, significa, afinal, a rigor, renunciar a tudo, e impor aos homens a pesada tarefa que a gente mesma nem move um dedo para levantar, encontrar sentido em ambas as explicações, enquanto que os respectivos mestres constantemente só expõem uma delas. Há muito já se teria atentado para essa discrepância, se as pessoas de nosso tempo não se tivessem aperfeiçoado na falta de reflexão para desperdiçar essa vida tão belamente guarnecida, e na irreflexão que leva a participar de modo barulhento, sempre que a conversa trata de uma ou outra ideia grandiosa, enorme, para cuja realização elas se reúnem com fé inquebrantável na força da união, mesmo que esta crença seja tão maravilhosa como a daquele cervejeiro que liquidava sua cerveja por um tostão abaixo do preço de custo e, contudo, calculava lucrar, "pois é a *quantidade* o que importa". Já que as coisas são assim, não me deve surpreender que ninguém em nosso tempo atente para essa consideração. Mas uma coisa eu sei, que, se acaso Sócrates vivesse agora, ele quereria meditar a respeito dessas coisas, embora o fazendo muito melhor, ou antes, mais divinamente do que eu jamais conseguiria, e estou convencido de que diria: "Oh, meu caro, procedes bem em meditar a respeito dessas coisas, que, certamente, bem merecem uma consideração; sim, podemos sentar por noites inteiras em diálogo sem que, com isso, possamos esgotar a sondagem dos prodígios da natureza humana". E esta certeza tem para mim infinitamente muito mais valor do que os gritos de *Bravo* dos meus contemporâneos, pois aquela certeza torna minha alma inquebrantável, enquanto que os aplausos a deixariam na dúvida.

O sexual, enquanto tal, não é o pecaminoso. A ignorância propriamente dita a respeito dele, quando ele deve estar essencialmente presente, está reservada só ao animal que, por isso mesmo, acha-se subjugado pela cegueira do instinto e procede às cegas. Uma ignorância, mas que ao mesmo tempo é uma ignorância sobre algo que ainda não existe, é a da criança. A inocência é um saber que significa insciência. A diferença que a separa da ignorância dos bons costumes mostra-se facilmente, visto que aquela está determinada rumo a um saber. Com a inocência inicia um saber cuja primeira determinação é insciência. Este é o conceito de pudor[163]. No pudor há uma angústia, porque o espírito, no ápice da diferença da síntese, está destinado de maneira a não ser determinado meramente como corpo, mas sim como um corpo com a diferença genérica. Contudo, o pudor é decerto um saber a respeito da diferença genérica, mas não como uma relação para com a diferença genérica, o que quer dizer, a pulsão não está presente enquanto tal. O real significado de pudor está em que o espírito não pode, por assim dizer, admitir o ápice da síntese. Por isso é tão imensamente ambígua a angústia do pudor. Não há nenhum vestígio de prazer sensual, e, contudo, há uma vergonha, e de quê? – De nada. Entretanto, o indivíduo pode morrer de vergonha, e um pudor ferido constitui a mais profunda das dores, porque é a mais inexplicável de todas. Por isso, a angústia do pudor consegue despertar por si só. Entretanto, vale aqui notar, naturalmente, que não é o prazer que há de desempenhar tal papel. Um exemplo desse último ponto encontra-se num conto de Fr. Schlegel (*Sämtliche Werke*, Tomo VII, p. 15, na história de Merlin).

No pudor está posta a diferença de gênero, mas sem relação com o seu outro. Esta acontece na pulsão. Entretanto, visto que a pulsão não é instinto ou mero instinto, ela tem *eo ipso* um $\tau\epsilon\lambda o\varsigma$[164]: que é a propagação, enquanto que o que está em repouso[165] é o amor que dá prazer[166], o puramente erótico. O espírito até agora em nenhum momento foi posto junto. Tão logo ele é posto, não só como a síntese constituinte[167], mas como espírito, o erótico fica para trás. Por isso, a suprema expressão pagã para isso[168] está na afirmação de que o erótico é o cômico. Isto não deve ser tomado, naturalmente, no sentido em que um libertino pode achar que o erótico é o cômico e matéria para suas piadas lascivas, mas é a força e a preponderância da inteligência que neutralizam, na indiferença do espírito, os dois lados: o erótico e a reação dos bons costumes a ele. Isso tem uma razão bastante profunda. A angústia no pudor reside em que o espírito se sentia um estranho, porém agora, inteiramente vitorioso, o espírito vê o sexual como algo externo e como algo *cômico*. Esta liberdade do espírito, o pudor jamais poderia ter, evidentemente. O sexual é a expressão para aquela enorme contradição (*Widerpruch*)[169] de o espírito imortal ser determinado como *genus*. Tal contradição se expressa como o profundo *Schaam* [rubor] que a oculta e não se atreve a entendê-la. No domínio do erótico, essa contradição se compreende na beleza; pois a beleza é justamente a unidade do anímico e do corpóreo. Mas essa contradição, que o erótico esclarece na beleza, é, para o espírito, a beleza e o cômico ao mesmo tempo. Por isso, a expressão do espírito para o erótico é que este ao mesmo tempo é o belo e o cômico. Aqui não há nenhum reflexo sensual na direção do erótico; pois seria volúpia e, neste caso, o indivíduo situar-se-ia muito aquém da beleza do erótico; porém aqui se trata da maturidade do espírito. Naturalmente, bem poucos homens chegaram a compreender isso em toda a sua pureza. Sócrates, porém, o conseguiu. Quando então Xenofonte faz constar que ele disse que se devem amar as mulheres feias, tal enunciado, como tudo aquilo em que Xenofonte põe a mão, transforma-se numa grosseria filistina repugnantemente tacanha[170], que não tem a mínima semelhança com Sócrates. O sentido daquelas palavras consiste em que ele havia colocado o erótico na indiferença, e a contradição sobre a qual se funda o cômico ele a expressa de maneira correta na correspondente contradição irônica, de que se devem amar as feias[171]. Uma tal concepção, contudo, ocorre muito raramente em sua elevada pureza. Precisa haver uma notável cooperação de um feliz desenvolvimento histórico e de dons originais; sendo possível qualquer objeção, por distante que seja, logo a concepção torna-se repugnante, e afetação.

No cristianismo o religioso suspendeu o erótico, não só por um equívoco ético, como o pecaminoso, mas sim como o indiferente, porque não há no espírito nenhuma diferença de homem ou mulher. Aqui, o erótico não está ironicamente neutralizado, mas suspenso, porque a tendência do cristianismo é a de levar o espírito adiante. Quando, no pudor, o espírito fica aflito e encabulado por revestir-se da diferença de gênero, a individualidade de repente salta fora e, em vez de impregná-la eticamente, agarra uma explicação que provém da mais alta esfera do espírito. Este é um dos aspectos da visão monástica, quer esta se defina mais como rigorismo ético, quer como contemplação predominante[172].

Tal como no pudor a angústia está posta, também está presente em todo gozo erótico, não porque este seja pecaminoso, de modo algum; por isso também não adianta nada se o pastor abençoar dez vezes o casal. Mesmo quando o erótico se exprime com tanta beleza e pureza e segundo os bons costumes quanto possível, sem ser perturbado em sua alegria por alguma reflexão voluptuosa, a angústia está ainda assim presente, porém não como fator de perturbação, e sim como um momento adicional.

É extremamente difícil, no tocante a isso, fornecer observações experimentais. Nomeadamente, há que se ter aqui o cuidado que os médicos empregam de jamais verificar o pulso sem se certificarem antes de que não estão a segurar o próprio em vez do pulso do paciente; igualmente é preciso ter cautela para evitar que a emoção que se descobre seja, afinal, a inquietação que o observador sente diante de sua própria observação. Em todo o caso, uma coisa é certa, que todos os poetas descrevem o amor, por mais puro e inocente que seja, de tal maneira que o fazem acompanhar da angústia. Buscar pormenores a respeito da questão seria assunto para um esteta. Mas por que essa angústia? Porque o espírito não pode ficar junto na culminação do erótico. Quero falar como um grego: o espírito por certo está presente, pois é ele quem constitui a síntese, porém não pode expressar-se no erótico, e aí se sente como um estranho. É como se ele dissesse ao erótico: "Meu caro! Não posso ficar aqui como um terceiro, por isso vou ocultar-me, por enquanto". Mas isso é justamente a angústia, e isso é justamente também o pudor, pois é uma grande tolice admitir que o casamento religioso ou a fidelidade com que o marido se compromete com sua esposa, tão somente, já seriam o bastante. Muito matrimônio já foi profanado sem nenhuma participação de alguém de fora. Mas, quando o erótico é puro e inocente e belo, essa angústia é então graciosa e suave, e por isso os poetas têm toda razão quando falam de uma doce ansiedade. Entretanto, é evidente que a angústia é maior na mulher do que no homem.

Retornemos agora ao nosso ponto anterior, à consequência da relação de geração no indivíduo, o que constitui o algo mais que cada indivíduo posterior tem em relação a Adão. No momento da concepção, o espírito retirou-se para a distância máxima, e por isso a angústia está no seu máximo. É nessa angústia que o novo indivíduo se forma. No momento do parto, a angústia culmina pela segunda vez na mulher, e nesse momento o novo indivíduo vem ao mundo. Que uma parturiente se angustia, é fato bem conhecido. A Fisiologia tem a sua explicação, a Psicologia deve ter também a sua. Na hora do parto, a mulher atinge outra vez o ponto mais remoto de um dos extremos da síntese; por isso o espírito estremece; pois neste momento ele está sem ter o que fazer, está por assim dizer suspenso. A angústia é, entretanto, uma expressão de perfeição da natureza humana, e eis por que só nas tribos de cultura inferior se acha uma analogia com o parto fácil do animal[173].

Mas, quanto mais angústia, tanto mais sensualidade. O indivíduo procriado é mais sensual do que o originário, e este algo mais corresponde ao algo mais, comum à geração, para cada indivíduo posterior, em relação a Adão.

Mas este algo mais de angústia e de sensualidade para cada indivíduo posterior, em relação a Adão, pode significar, naturalmente, por sua vez, no indivíduo singular[174], um mais ou menos. Aqui há diferenças que em verdade são tão terríveis que decerto ninguém se atreve a refletir sobre elas, no sentido mais profundo, isto é, com autêntica simpatia humana, a não ser que esteja convencido, por uma imperturbabilidade que nada fará tremer, de que nunca se achou nem se achará neste mundo um tal mais que, por uma simples passagem, transforme o quantitativo em qualitativo. O que a Escritura ensina – que Deus faz recair a culpa dos pais sobre os filhos até a 3ª e a 4ª gerações – isso a vida proclama em alto e bom som. Querer tergiversar[175] com o terrível, explicando ser esta sentença uma doutrina judaica, nada adianta. O cristianismo jamais admitiu dar a cada indivíduo singular[176] o privilégio de poder iniciar *da capo*, num sentido exterior. Todo indivíduo começa dentro de um contexto histórico, e as consequências da natureza continuam a valer como sempre. A diferença consiste só em que o cristianismo ensina a elevar-se acima daquele algo mais, e julga que quem não o faz, é porque não o quer fazer.

Justamente porque a sensualidade aqui se define como um algo mais, a angústia do espírito, ao assumir a responsabilidade pela sensualidade, torna-se ainda maior. O máximo será a situação terrível em que *a angústia diante do pecado produz o pecado*. Se tomarmos os maus desejos, a concupiscência, etc., como inatos no indivíduo, deixaremos de ver a ambiguidade da situação na qual o indivíduo é tão culpado quanto inocente. No desmaio da angústia, o indivíduo se rende, mas exatamente por isso é tão culpado quanto inocente.

Não quero introduzir aqui exemplos detalhados deste mais e deste menos infinitamente flutuantes. Para que tivessem alguma importância, seria necessária uma análise estético-psicológica ampla e rigorosa.

B *A consequência da relação histórica*

Se tivesse que expressar agora, numa única proposição, esse algo mais que há para cada indivíduo posterior em relação a Adão, aí eu diria que ele consiste em que a sensualidade pode significar pecaminosidade, ou seja, esse obscuro saber a respeito daquela, juntamente com um obscuro saber sobre o que mais o pecado pode significar, e isso acrescido de uma apropriação histórica mal-entendida da historicidade do *de te fabula narratur*[177], em que se exclui a questão essencial, a originalidade do indivíduo, e o indivíduo, sem mais, confunde a si mesmo com o gênero humano e a história deste. Não dizemos que a sensualidade seja pecaminosidade, mas sim que o pecado a torna tal coisa. Ora, quando nós representamos o indivíduo que vem depois, cada um deles tem então uma circunstância histórica, na qual se pode mostrar que a sensualidade pode significar pecaminosidade. Para o próprio indivíduo ela não significa isso, porém aquele saber dá à angústia um '*mais*'.

O espírito não está posto, portanto, apenas em relação ao oposto da sensualidade, mas também ao da pecaminosidade. É lógico que o indivíduo inocente não compreende ainda este saber, pois ele só se compreende qualitativamente, porém este saber é por sua vez uma nova possibilidade, de modo que a liberdade, em sua possibilidade, relacionando-se com o sensual, torna-se uma angústia maior.

Está claro que este *algo mais* universal pode significar para o indivíduo particular[178] um mais ou um menos. Desse modo, para desde logo chamar a atenção para uma diferença grandiosa: depois que o cristianismo entrou no mundo e foi posta a redenção, projetou-se sobre a sensualidade a luz de uma contradição que não ocorria no paganismo, e que serve exatamente para reforçar a proposição de que a sensualidade é pecaminosidade.

No interior da diferença cristã, aquele algo mais pode novamente significar um *mais* e um *menos*. Isso se baseia na relação de cada indivíduo particular inocente para com a sua circunstância histórica. No que tange a isso, os fatores mais diferentes podem provocar o mesmo efeito. A possibilidade da liberdade anuncia-se na angústia. Agora, uma simples advertência pode fazer o indivíduo desabar sob a angústia (recorde-se que falo sempre apenas de um ponto de vista psicológico, e que jamais anulo o salto qualitativo), e isso, muito embora a advertência visasse, é claro, ao efeito exatamente contrário. A visão de algo pecaminoso pode salvar este indivíduo aqui e fazer com que ali um outro caia. Uma brincadeira pode surtir o mesmo efeito da seriedade, e vice-versa. Falar ou fazer silêncio podem ter consequências contrárias àquilo que se pretende. Neste sentido não há nenhum limite, e, por isso, outra vez se confirma a exatidão da definição que diz que se trata de algo *quantitativamente* mais ou menos, pois o quantitativo é, afinal, justamente o limite infinito[179].

Não quero examinar a questão mais detalhadamente com observações da experiência empírica, pois isso nos retardaria. Aliás, a vida é bastante rica, desde que saibamos ver; não se precisa viajar a Paris ou a Londres – e isso nem adianta, quando não se sabe observar.

A angústia, de resto, mantém aqui outra vez a mesma ambiguidade de sempre. Neste ponto pode ocorrer um máximo, correspondendo ao já mencionado, que o indivíduo na angústia ante o pecado produza o pecado, ou seja, agora: *o indivíduo, na angústia, não de ser culpado, mas de ser considerado culpado, torna-se culpado.*

Aliás, o *plus* mais extremo[180] nessa perspectiva é o do indivíduo que desde o primeiro momento de sua tomada de consciência foi colocado e influenciado de modo que para ele a sensualidade se identificou com a pecaminosidade, e este *mais* extremo se mostra na forma mais torturante da colisão quando em todo o mundo circundante ele não encontra absolutamente nenhum apoio. Se ajuntarmos a esse *mais* extremo a confusão em que o indivíduo se confunde a si mesmo com o seu saber histórico sobre a pecaminosidade e que, no desmaiar da angústia, sem mais, deixa-se subsumir a si mesmo *qua* indivíduo sob a mesma categoria, esquecendo completamente o *se também fizeres assim* da liberdade – aí se encontrará o mais extremo *mais.*

O que foi aqui indicado de forma tão resumida – que será preciso uma experiência razoavelmente rica para se compreender que foi muito o que se disse e bem definido e bem claro – tem sido motivo de constantes considerações. Essas considerações chamam-se em geral: o poder do exemplo. Não se pode contestar, a não ser nesses últimos tempos superfilosóficos, que a respeito do assunto foram ditas coisas ótimas. Só que falta aí muitas vezes, no entanto, a determinação psicológica intermediária que explica como é que o exemplo opera. Além do mais, analisa-se o problema em tais esferas com uma certa leviandade, e não se percebe que uma única falhazinha, no detalhe mais ínfimo, tem capacidade para confundir toda a enorme contabilidade da vida. A atenção psicológica fixa-se, com exclusividade, no fenômeno avulso, e não conta ao mesmo tempo com suas categorias eternas, e não é suficientemente cuidadosa para salvar a humanidade, ao resgatar, custe o que custar, cada indivíduo para dentro do gênero humano. O exemplo deve ter atuado sobre a criança. Esta é tida como um anjinho, só que o meio corrupto a joga na perdição. Fala-se e volta-se a falar a respeito do meio circundante, de como era ruim, etc., e então, a criança foi estragada! Contudo, se tudo isso é obra de um simples processo quantitativo, então nossos conceitos todos estão abolidos. A isso as pessoas não atentam: fazem da criança, desde o princípio, um ser tão malcriado, que por fim nem se aproveita do bom exemplo. Tome-se, porém, cuidado de evitar que a criança não fique tão malcriada que, finalmente, tenha poder não só para zombar de seus pais, mas também de toda palavra e de toda razão humana, assim como uma *rana paradoxa* caçoa e desafia a classificação das rãs do naturalista. Há muita gente que, decerto, sabe observar o particular, mas não é capaz de, ao mesmo tempo, ter *in mente* a *totalidade;* contudo, qualquer consideração semelhante, ainda que tenha méritos em outros aspectos, apenas poderá gerar a desordem. – Ou, então, a criança não era, como no mais das vezes, nem boa nem má, mas aí entrou em boa companhia e tornou-se boa, ou em companhia ruim e tornou-se ruim. Determinações intermediárias, determinações intermediárias! Providenciem, por favor, uma determinação intermediária que tenha a ambiguidade capaz de salvar a ideia (sem a qual a salvação da criança é apenas uma ilusão) de que a criança, fosse anteriormente o que fosse, tanto poderá tornar-se culpada quanto inocente. Se não temos determinações intermediárias prontas e nítidas, todos os conceitos se perdem: o de pecado hereditário, o de pecado, o de gênero humano, o de indivíduo... e junto com eles perde-se a criança.

***

A sensualidade não é então a pecaminosidade, mas no momento em que o pecado foi posto e no momento em que é posto, ele transforma a sensualidade em pecaminosidade. É evidente que a pecaminosidade agora significa também algo de diferente. Mas com o que o pecado possa significar mais concretamente, nada temos que ver aqui, onde o que interessa é enfronhar-se psicologicamente no estado que antecede ao pecado e, dito em linguagem psicológica, predispõe mais ou menos para ele.

Ao comer do fruto do conhecimento, introduziu-se a diferença entre bem e mal, mas também a diversidade sexual enquanto instinto[181]. De que modo isso se deu, nenhuma ciência consegue explicar. A Psicologia é a que chega mais perto, e explica a última aproximação, qual seja, o *mostrar-se-para-si-mesma* da liberdade na angústia da possibilidade[182], ou no nada da possibilidade, ou no nada da angústia. Se o objeto da angústia for um algo, não teremos nenhum salto, mas apenas uma transição quantitativa. O indivíduo posterior tem um mais em relação a Adão, e por sua vez um mais ou menos em relação a outros indivíduos, mas não obstante vale o essencial, que o objeto da angústia é um nada. Se o seu objeto é um algo tal que, visto essencialmente, isto é, visto no sentido da liberdade, significa algo, não temos um salto, mas uma transição quantitativa que confunde todo e qualquer conceito. Ainda quando eu digo que para um indivíduo, antes do salto, a sensualidade é posta como pecaminosidade, vale, contudo, que ela não se põe essencialmente desse modo, pois, essencialmente, o indivíduo não a pôs nem a entendeu assim. Mesmo que eu diga que no indivíduo procriado está posto um mais de sensualidade, trata-se, contudo, no sentido do salto, de um mais sem validade.

Ora, se a ciência tiver alguma outra determinação intermediária psicológica que tenha a vantagem dogmática e ética e psicológica que a angústia possui, então que se lhe dê preferência.

É fácil de ver que de resto o aqui exposto se deixa harmonizar de maneira excelente com a explicação que em geral se dá do pecado: de que é o egoístico. Mas, quando nos aprofundamos nesta determinação, não procuramos explicar nem um pouco a dificuldade psicológica precedente e, além disso, determinamos o pecado de modo demasiado pneumático, e não atentamos bastante para o fato de que, quando o pecado é posto, põe uma consequência tanto sensual quanto espiritual.

Quando então na ciência mais recente muito frequentemente explicou-se o pecado como sendo o egoístico, é incompreensível que a gente nunca se tenha dado conta de que é exatamente aí que reside a impossibilidade de se poder achar um lugar para a sua explicação em qualquer ciência; pois o egoístico é exatamente o particular[183] e o que isto significa só o indivíduo particular[184] pode saber, na qualidade de indivíduo particular[185], dado que, visto sob categorias gerais, pode significar tudo, de modo que este tudo signifique absolutamente nada. A determinação de que o pecado é o egoístico pode por isso ser muito correta, justamente quando mantemos que tal definição é, em linguagem científica, tão destituída de conteúdo que não quer dizer absolutamente nada. Finalmente, em tal definição do egoístico não há referência à distinção entre pecado e pecado hereditário, e, além disso, não se questiona em que sentido um explica o outro: o pecado o pecado hereditário, e o pecado hereditário o pecado.

Logo que se quer falar cientificamente sobre o egoístico, tudo se dissolve em tautologia, ou fica-se espirituoso, com o que tudo se confunde. Quem não se lembra de que a Filosofia da Natureza encontrou este egoístico em toda a criação, que o achou no movimento das estrelas, apesar de sempre submetidas à obediência das leis do universo? E que a força centrífuga na natureza também foi dada como um egoísmo? Sempre que um conceito é levado tão longe, é melhor que ele volte para casa e se deite para, se possível, dormir até passar a bebedeira e se tornar sóbrio de novo. Neste ponto, nossa época tem sido incansável em fazer qualquer coisa significar tudo. Quão jeitoso e infatigável vemos tantas vezes um ou outro mistagogo espirituoso prostituir uma mitologia inteira para extrair, de cada mito, com seu olhar penetrante, um capricho para tocar em sua gaitinha de boca? Não vemos às vezes toda uma terminologia cristã degenerar até a perdição, devido ao tratamento pretensioso de um ou outro especulador?

Enquanto não tirarmos a limpo o que *ego*[186] significa, muito pouco adiantará afirmar do pecado que ele é o egoístico[187]. Mas "ego" (eu mesmo) significa, justamente, a contradição de que o universal esteja posto como o particular[188]. Só depois de estar dado o conceito do particular[189], só então, é possível falar-se do egoístico – porém, não obstante tenham vivido inúmeros milhões de "egos"[190] de tal espécie, nenhuma ciência consegue dizer o que ele é sem recair em enunciados inteiramente gerais[191]. E esse é o prodígio da vida, que qualquer ser humano que presta atenção a si mesmo sabe o que nenhuma ciência sabe, dado que ele sabe quem ele mesmo é, e isso é o que há de profundo na sentença grega γνωθι σαυτον (*conhece-te a ti mesmo*)[192], que há já bastante tempo tem sido compreendida à maneira alemã, relacionada à autoconsciência pura, a quimera do idealismo. Já está mais do que na hora de se tentar entendê-la em grego e, por sua vez, compreender da maneira como o teriam compreendido os gregos, caso tivessem pressupostos cristãos. Mas o "eu mesmo" no sentido bem próprio só vem a ser posto no salto qualitativo. No estado antecedente, nem se pode falar dele. Por isso, quando se quer explicar o pecado a partir do egoístico, a gente se enreda em obscuridades, visto que, pelo contrário, é pelo pecado e no pecado que o egoístico se produz. Se com isso quer-se dizer que o egoístico foi a ocasião para o pecado de Adão, essa explicação não é mais do que um jogo em que o próprio intérprete encontra o que ele mesmo tinha escondido antes. Se com isso quer-se dizer que o egoístico provocou o pecado de Adão, então se salta por cima do estado intermediário, e a explicação garantiu para si uma facilidade suspeita. Daí resulta que não se aprende nada a respeito do significado do sexual. Aqui retorno ao meu velho ponto. O sexual não é a pecaminosidade, mas – por um momento falarei de modo acomodatício e tolo –, se Adão não tivesse pecado, então o sexual jamais teria existido como instinto[193]. Um espírito perfeito não se deixa pensar como definido sexualmente. Isso está em harmonia com a doutrina da Igreja a respeito da condição dos ressuscitados, em harmonia com as representações da Igreja sobre os anjos, em harmonia com as definições dogmáticas a propósito da pessoa de Cristo. Assim, para apenas fazer uma alusão, conquanto Cristo tenha sido experimentado em todas as provações humanas, jamais se menciona uma tentação nesse sentido, o que justamente se deixa explicar pela razão de que ele venceu todas as tentações.

A sensualidade não é pecaminosidade. A sensualidade, na inocência, não é pecaminosidade, e no entanto a sensualidade está presente: Adão tinha necessidade, afinal, de comida e bebida etc. A diferença de gênero está posta na inocência, porém não está posta enquanto tal. Só a partir do momento em que é posto o pecado, também a diferença de gênero será posta como instinto[194].

Aqui, como em toda parte, tenho de declinar quaisquer consequências equivocadas, como se, por exemplo, a verdadeira tarefa agora consistisse em abstrair do sexual, isto é, num sentido exterior, anulá-lo. Uma vez posto o sexual como o extremo da síntese, qualquer tentativa de abstração será inútil. A tarefa consiste, naturalmente, em incluí-lo na determinação do espírito (aqui residem todos os problemas morais do erótico). A realização aqui consiste na vitória do amor em um ser humano, no qual o espírito venceu de tal maneira que o sexual está esquecido e só é lembrado no esquecimento. Tendo isso acontecido, a sensualidade fica então transfigurada no espírito, e a angústia afugentada.

Se compararmos agora esta concepção – demos a ela o nome de cristã ou do que quisermos – com a grega, então creio que ganhamos mais do que perdemos. É certo que se perdeu uma parte da *Heiterkeit*[195] erótico-melancólica, porém também se ganhou uma determinação do espírito que os gregos não conheciam. Os únicos que em verdade perdem são os muitos que ainda levam a vida como se fosse há 6.000 anos que o pecado entrou no mundo, como se ele fosse apenas um fato curioso, que nada tem a ver com eles; pois esses nem ganham a *Heiterkeit* grega, que justamente não se deixa *ganhar,* porém só se perde, nem ganham, de jeito nenhum, a eterna determinação do espírito.

Caput III

Angústia como consequência deste pecado que consiste na ausência da consciência do pecado

Afirmou-se constantemente, nos dois capítulos precedentes, que o homem é uma síntese de alma e corpo, que é constituída e sustentada pelo espírito. A angústia era, para usar uma nova expressão que diz o mesmo que já foi dito até aqui e que também aponta para o que vem a seguir, o instante na vida individual.

Há uma categoria utilizada constantemente na filosofia mais recente, não menos nas investigações lógicas do que nas histórico-filosóficas, e que é: *a passagem*[196]. Contudo, jamais nos é dada uma explicação mais detalhada. Utilizam-na, por assim dizer, sem mais nem menos[197], e enquanto Hegel e sua escola deixaram embasbacado o mundo com a grande ideia de que a Filosofia começa sem pressuposições, ou de que nada mais precede a Filosofia senão a perfeita ausência de quaisquer pressuposições, ninguém se constrange de jeito nenhum em utilizar a passagem, a negação, a mediação, ou seja, os princípios motores do pensamento hegeliano, de tal modo, que esses não encontram ao mesmo tempo seu lugar ao passo que o sistema avança. Se isso não é uma pressuposição, então não sei o que é uma pressuposição; pois utilizar-se alguma coisa que não se explica em lugar nenhum equivale, sim, a pressupô-la. O sistema deveria ter aquela prodigiosa transparência e o olhar para dentro que permitiam ao onfalópsico contemplar imóvel o nada central por tanto

tempo que afinal tudo se esclarecia e todo o seu conteúdo se originava por si próprio. Esta publicidade intro-
vertida seria então a do sistema. Entretanto, ocorre que
não é assim que se passam as coisas, e o pensamento sistemático parece preconizar o pleno mistério no que se
refere aos seus movimentos mais recônditos. A negação, a passagem e a mediação são três agentes (*agentia*)
mascarados, suspeitos, secretos, que ocasionam todos
os movimentos. Cabeças inquietas, Hegel decerto jamais os denominaria, visto que é com a sua suprema
permissão que eles fazem o jogo avançar, de um modo
tão sem-cerimônia que, mesmo na Lógica, utilizam-se
expressões e frases extraídas da temporalidade da passagem: depois, quando, enquanto ente é isto e aquilo,
enquanto devir é assim e assado, etc.

Seja lá como for, a Lógica que veja como se socorrer. Na Lógica, o termo *passagem* é e será sempre uma
tirada espirituosa. Na esfera da liberdade histórica, aí
sim a passagem tem o seu lugar, pois a passagem é um
estado, e é efetivamente real[198]. Platão entendeu muito
bem a dificuldade de colocar a passagem no puramente
metafísico, e por isso a categoria de instante[199] lhe cus-
tou tantos esforços. Ignorar a dificuldade por certo não
significa "ir além de" Platão; ignorá-la, fraudando pie-
dosamente o pensamento, para manter à tona a especulação e em movimento a Lógica, será tratar a especulação como um assunto um tanto quanto finito. Entretanto, lembro-me de ter ouvido um dia um tipo especulativo dizer que não se deveria pensar demais de antemão
nas dificuldades, pois senão nunca se chegaria a especular. Se o que vale é somente chegar a especular, e não
interessa se a especulação de um sujeito se torna especulação verdadeira, então está dito de maneira bem re-
soluta que é preciso apenas chegar a especular, do mesmo modo como seria elogiável se uma pessoa que, sem
ter recursos para viajar ao *Dyrehaven* em sua própria carruagem, dissesse: Por tão pouco, não

convém se preocupar, a gente pode ir muito bem no "Moedor-de-café"[200]. E, afinal de contas, não deixa de ser verdade: ambos os grupos de passeantes, espera-se, hão de chegar ao *Dyrehaven*. Pelo contrário, dificilmente chega a especular aquele que é tão resoluto que não se preocupa com o tipo de transporte, contanto que de qualquer jeito venha a especular.

Na esfera da liberdade histórica, a passagem é um estado. Contudo, para bem entendê-lo, não se deve esquecer que o novo surge com o salto. Se isso não fica bem estabelecido, a passagem adquire uma preponderância quantitativa sobre a elasticidade do salto.

O homem era, portanto, uma síntese de alma e corpo, mas também é uma *síntese do temporal e do eterno*. Não tenho nada a objetar se isso já foi afirmado com muita frequência, pois não é meu desejo descobrir novidades, porém certamente a minha alegria, e a minha ocupação enamorada consistem em pensar sobre aquilo que parece inteiramente simples.

No que toca a esta última síntese, salta aos olhos que é formada de modo diferente da primeira. Na primeira, alma e corpo eram os dois momentos da síntese, e o espírito, o terceiro, porém de tal modo que só se podia falar em síntese quando se concebia o espírito. A segunda síntese tem apenas dois momentos: o temporal e o eterno. Onde se acha aqui o terceiro? E, não havendo terceiro, não há a rigor nenhuma síntese, pois uma síntese, que é uma contradição, não se pode completar como síntese sem um terceiro; pois, o fato de a síntese ser uma contradição, enuncia afinal justamente que não há síntese. O que é, então, o temporal?

Se se define o tempo corretamente como a sucessão infinita, o próximo passo seria, aparentemente, determiná-lo como presente, passado e futuro. Entretanto esta distinção é incorreta, se com isso se quiser dizer que ela se situa no próprio tempo; pois ela apenas surge em virtude da relação do tempo com a eternidade, e pela reflexão da eternidade nele. Se, com efeito, se pudesse encontrar uma base de apoio na sucessão infinita do tempo, ou seja, um presente que servisse de divisor, essa divisão seria inteiramente correta. Mas justamente porque todo e qualquer momento, assim como o é a soma dos momentos, é processo (um desfilar), então nenhum momento é um presente e, neste sentido, não há no tempo nem um presente, nem um passado, nem um futuro. Se acreditamos que somos capazes de sustentar essa divisão, isto ocorre porque *espacializamos* um momento – mas com isso paralisamos a sucessão infinita – isto ocorre porque introduzimos a representação, fizemos do tempo algo para a representação, em vez de o pensarmos. Contudo, mesmo assim não nos comportamos corretamente, porque, mesmo para a imaginação, a sucessão infinita do tempo é um presente infinitamente vazio. (Este é a paródia do eterno.) Os hindus referem-se a uma linhagem de reis que teriam reinado por 70.000 anos. Dos reis nada se sabe, nem ao menos os seus nomes (isso eu suponho). Se quisermos tomá-los como um exemplo para o tempo, então os 70.000 anos serão, para o pensamento, um sumir infinito, mas para a representação a linha se expande, espacializa-se compondo um panorama ilusório de um nada infinitamente vazio[201]. Tão logo, porém, fazemos cada um suceder ao outro, estabelecemos o presente.

O presente não é, entretanto, um conceito do tempo, a não ser justamente como algo infinitamente vazio de conteúdo, o que, por sua vez, corresponde ao desaparecer infinito. Se não atentarmos para isto, teremos posto o presente, mesmo que o deixemos desaparecer rapidamente, e, depois de tê-lo posto, ele novamente se apresentará nas determinações: o passado e o futuro.

O eterno, pelo contrário, é o presente. Pensado, o eterno é o presente como sucessão abolida (o tempo era a sucessão que passa). Para a representação, ele é uma progressão[202], porém progressão que não sai do lugar, porque o eterno para a imaginação é o presente infinitamente pleno de conteúdo. No eterno, por sua vez, não se encontra separação do passado e do futuro, porque o presente é posto como a sucessão abolida.

O tempo é, portanto, a sucessão infinita; a vida que apenas está no tempo e só pertence ao tempo não tem nenhum presente. É verdade que se costuma, às vezes, para definir a vida sensual, dizer que ela é (vivida) no instante e somente no instante. Compreende-se então por instante a abstração do eterno que, se quisermos tomar como presente, é uma paródia dele. O presente é o eterno ou, mais corretamente, o eterno é o presente, e o presente é o pleno[203]. Neste sentido, afirmava o latino da divindade que estava *praesens (praesentes dii)* com cuja palavra, usada a propósito da divindade, indicava também a sua vigorosa assistência.

O instante designa o presente como um tal que não tem pretérito nem futuro; pois é aí que reside justamente, aliás, a imperfeição da vida sensual. O eterno significa igualmente o presente, que não possui nenhum passado e nenhum futuro, e esta é a perfeição do eterno.

Se se quiser usar agora o instante para com ele definir o tempo, e fazer o instante designar a exclusão puramente abstrata do passado e do futuro e, como tal, o presente, então o instante não será exatamente o presente, pois o intermediário entre o passado e o futuro, pensado de maneira puramente abstrata, simplesmente não é nada. Mas assim se vê que o instante não constitui uma mera determinação do tempo, dado que a determinação do tempo é apenas que ele passa (e se vai), razão por que o tempo – se há de ser definido por qualquer das determinações que se manifestam no tempo – é o tempo passado. Se, ao invés, o tempo e a eternidade se tocarem um no outro, então terá de ser no tempo, e agora chegamos ao instante.

"O instante"[204] é (na língua dinamarquesa) uma expressão figurativa, e até aí não é tão bom ter de lidar com ela. Contudo, é uma bela palavra para examinar. Nada é tão rápido quanto uma olhadela[205] e, contudo, ela é comensurável com o conteúdo do eterno. Assim, quando Ingeborg mira o oceano à procura de Frithiof, temos uma imagem para o que esta expressão figurativa significa. Um arroubo de seu sentimento, um suspiro, uma palavra, por serem sonoros, já teriam neles, como som, antes a determinação do tempo, e seriam mais presentes como algo que se esvai, e não têm tanto a presença do eterno em si, como, aliás, também por isso, um suspiro, uma palavra, etc., têm poder para aliviar a alma de um peso que acabrunha, justamente porque este peso acabrunhante, apenas expresso, já começa a tornar-se algo de *passado*. Uma olhada, por isso, constitui uma designação do tempo, porém, bem entendido, do tempo nesse conflito fatal[206] em que é tocado pela eternidade[207]. Aquilo que denominamos o instante, Platão chama τὸ ἐξαίφνης [o súbito]. Qualquer que seja sua explicação etimológica, sempre estará relacionada afinal com a categoria do invisível; porque o tempo e a eternidade eram entendidos de modo igualmente abstrato, dado que se carecia do conceito de temporalidade, e o motivo era que faltava o conceito de espírito. Em latim, ele se chama *momentum*, que pela derivação (de *movere*) expressa apenas o mero desaparecer[208].

Entendido dessa forma, o instante não é, propriamente, um átomo do tempo, mas um átomo da eternidade. É o primeiro reflexo da eternidade no tempo, sua primeira tentativa de, poderíamos dizer, fazer parar o tempo. Por isso o mundo grego não compreendia o instante, pois, ainda que chegasse a entender o átomo de eternidade, não chegava a entender que este equivale ao instante; não o definia como avançando, mas como o que recuava, porque, para o mundo grego, o átomo de eternidade era essencialmente a eternidade, e assim não se fazia verdadeiramente justiça nem ao tempo nem à eternidade.

A síntese do temporal e do eterno não é uma outra síntese, mas é a expressão daquela primeira síntese, segundo a qual o homem é uma síntese de alma e corpo, que é sustentada pelo espírito. Tão logo o espírito é posto, dá-se o instante. Por isso, pode-se dizer, com justiça, de um homem, como uma censura, que ele vive apenas no instante, dado que isso só ocorre por uma abstração arbitrária. A natureza não se situa no instante.

O que vale para a temporalidade vale para a sensualidade; pois a temporalidade parece ainda mais imperfeita e o instante ainda mais insignificante do que a aparentemente segura persistência da natureza no tempo. E, contudo, é o contrário, pois a segurança da natureza baseia-se no fato de que o tempo não tem absolutamente nenhuma importância para ela. Só com o instante inicia a história. Pelo pecado, a sensualidade humana vem a ser posta como pecaminosidade e, portanto, inferior à do animal e, contudo, isso é justamente porque o superior inicia aqui, pois agora inicia o espírito.

O instante é aquela ambiguidade[209] em que o tempo e a eternidade se tocam mutuamente, e com isso está posto o conceito de *temporalidade,* em que o tempo incessantemente corta[210] a eternidade e a eternidade constantemente impregna[211] o tempo. Só agora adquire seu significado a mencionada divisão: o tempo presente, o tempo passado, o tempo futuro.

Com essa divisão, a atenção dirige-se imediatamente para o fato de que o futuro, num certo sentido, significa mais do que o presente e o passado; pois o futuro num certo sentido é o todo, do qual o passado é uma parte, e o futuro pode, num certo sentido, significar o todo. Isto resulta de o eterno primeiramente significar o futuro, ou de que o futuro seja o incógnito no qual o eterno, como incomensurável com o tempo, quer mesmo assim salvaguardar seu relacionamento[212] com o tempo. Assim, o uso linguístico toma às vezes o futuro como idêntico ao eterno (a vida futura = a vida eterna). Já que os gregos não tinham num sentido mais profundo o conceito do eterno, não tinham tampouco o do futuro. Por isso, não se pode censurar o desperdício da vida grega no instante, ou mais corretamente nem mesmo se pode dizer que era desperdiçada, pois a temporalidade era concebida pelos gregos de modo tão ingênuo como a sensualidade, porque eles careciam da determinação do espírito.

O instante e o futuro põem, por sua vez, o passado. Se de algum modo a vida grega devesse designar alguma determinação do tempo, seria a de passado; contudo, o tempo passado não definido em sua relação com o presente e o futuro, porém em sua determinação geral de tempo: como um ir passando[213]. Aqui o recordar platônico mostra sua significação. O eterno dos gregos situa-se lá atrás, como um passado em que só se entra recuando[214]. Contudo, este é um conceito totalmente abstrato do eterno: que ele seja o passado, como quer que isso venha a ser definido mais de perto: filosoficamente (o morrer à maneira filosófica) ou historicamente.

Em geral, pode-se, ao definir os conceitos de passado, futuro e eterno, atentar para o modo como o instante foi definido. Não havendo o instante, o eterno aparece lá atrás como passado. É como se eu pusesse um homem a percorrer um caminho, porém não mostrasse um só passo, e de repente o caminho aparecesse atrás dele como já percorrido. Se o instante for posto, mas como mero *discrimen* "divisão", então o futuro é o eterno. Se o instante é posto, então é o eterno, mas é também o futuro, que retorna como passado. Isto se vê claramente nas visões grega, judaica e cristã. O conceito ao redor do qual tudo gira no cristianismo, aquele que torna novas todas as coisas, é o de plenitude dos tempos, mas a plenitude do tempo é o instante como o eterno, e, contudo, este eterno é também o futuro e o passado. Não se dando atenção a isto, não será possível salvar um só conceito de alianças heréticas e traiçoeiras que aniquilam o próprio conceito. Não se capta o passado a partir dele mesmo e sim numa simples continuidade com o futuro (com isso, os conceitos de conversão, reconciliação e redenção se perdem na história universal e também no desenvolvimento histórico do indivíduo). Não se capta o futuro a partir dele mesmo e sim numa simples continuidade com o presente (com isso naufragam os conceitos de ressurreição e juízo).

Consideremos agora Adão e recordemos em seguida que cada indivíduo posterior inicia exatamente do mesmo modo, só que dentro da diferença quantitativa que é consequência da relação da geração e de relação histórica. Para Adão, tal como para o homem posterior, existe o instante. A síntese do anímico e do somático deve ser posta pelo espírito, mas o espírito é o eterno, e por isso a síntese só ocorre quando o espírito põe a primeira síntese junto com a segunda, a do temporal e a do eterno. Enquanto o eterno não estiver posto não haverá o instante, ou apenas o *discrimen* "limite". Com isso, visto que o espírito na inocência está determinado apenas como espírito sonhador, o eterno se mostra como o futuro, porque este é, já o dissemos antes, a primeira expressão do eterno, e seu incógnito. Tal como (no capítulo anterior) o espírito, na medida em que deveria ser posto na síntese, ou melhor, na medida em que deveria estabelecer a síntese enquanto possibilidade do espírito (da liberdade)[215] na individualidade, exprimia-se como angústia, assim também aqui outra vez o futuro, como angústia, é a possibilidade da eternidade (da liberdade)[216] na individualidade. Quando então a possibilidade da liberdade se mostra perante a liberdade, a liberdade sucumbe, e a temporalidade aparece agora do mesmo modo como a sensualidade na significação de pecaminosidade. Repita-se aqui mais uma vez: esta é tão somente a expressão psicológica última da última aproximação psicológica ao salto qualitativo. Entre Adão e o indivíduo posterior a diferença está em que o porvir é mais refletido neste do que em Adão. Este *mais* pode significar, em linguagem psicológica, o terrível, porém, no sentido do salto qualitativo, isso significa o inessencial. O máximo mais elevado da diferença em relação a Adão está em que o porvir parece antecipado pelo passado, ou na angústia de que a possibilidade esteja perdida, antes mesmo de ter ocorrido.

O possível corresponde perfeitamente com o porvir. Para a liberdade, o possível é o porvir; para o tempo, o porvir é o possível. Na vida individual, a angústia corresponde a ambos. Um exato e correto uso linguístico vincula, portanto, ambos: angústia e porvir. Costuma-se dizer, é verdade, que a gente se angustia pelo passado, e isso parece opor-se ao que foi dito. Observando-se, todavia, mais demoradamente, mostra-se que quando se diz isso de algum modo se vislumbra o porvir. O passado, pelo qual eu deveria angustiar-me, deve estar numa relação de possibilidade para mim. Se me angustio por um infortúnio passado, não é por aquilo que passou, mas sim por algo que pode vir a repetir-se, isto é, vir a ser futuro. Quando tenho angústia em razão de alguma culpa passada, é porque não a coloquei numa relação essencial comigo como algo passado, e de uma ou outra maneira enganadora impeço-a de se tornar passada. Se, com efeito, ela está realmente passada, não poderei sentir angústia em relação a ela, mas apenas arrependimento. Se não faço isto, ter-me-ei permitido entabular uma relação dialética com a culpa, porém com isso a própria culpa ficou uma possibilidade, e não algo passado. Se me angustio diante do castigo, isso só ocorre na medida que este é colocado numa relação dialética com a culpa (de outro modo, suporto o meu castigo), e então sinto angústia pelo possível e pelo porvir.

Desse modo, estamos novamente onde já estávamos no cap. I. Angústia é o estado psicológico que antecede ao pecado, dele se acerca tanto quanto possível, tão angustiante quanto possível, sem, contudo, explicar o pecado, que apenas surge no salto qualitativo.

No instante em que o pecado é posto, a temporalidade passa a ser pecaminosidade[217]. Não dizemos que a temporalidade seja pecaminosidade, tampouco como a sensualidade também não o é; mas, quando o pecado é posto, a temporalidade significa pecaminosidade. Por isso, peca todo aquele que vive apenas no instante como abstração do eterno. Se Adão não tivesse pecado, falo assim só para argumentar, e, incorretamente, ele teria passado no mesmo instante para a eternidade. Contudo, uma vez que o pecado foi instituído, nada adianta querer abstrair da temporalidade, e tampouco da sensualidade[218].

§1 Angústia da falta de espírito

Quando observamos a vida, logo nos convencemos de que, embora esteja correto o que foi exposto, de que a angústia é o último estado psicológico do qual surge o pecado no salto qualitativo, todo paganismo e sua repetição dentro do cristianismo residem afinal de contas num mero determinar quantitativo, de onde não surge o salto qualitativo do pecado. Este estado não é, entretanto, o estado da inocência, mas sim, do ponto de vista do espírito, justamente o da pecaminosidade.

É bem estranho que a ortodoxia cristã constantemente tenha ensinado que o paganismo jazia no pecado, enquanto afinal de contas a consciência de pecado só foi instituída pelo cristianismo. A ortodoxia tem, entretanto, razão, desde que ela se explique um pouco mais exatamente. Com determinações quantitativas, o paganismo quer por assim dizer alongar o tempo, jamais atinge o pecado no sentido mais profundo, mas isso justamente é o pecado.

Que isso vale para o paganismo, é fácil de demonstrar. Em relação ao paganismo no interior do cristianismo as coisas se passam de maneira diferente. A vida do paganismo cristão nem é culpada nem não culpada, não conhece propriamente nenhuma diferença entre o que é presente, passado, porvir, eterno. Sua vida e sua história decorrem do mesmo modo como antigamente a escrita no papel, quando não se usavam os sinais de pontuação, mas se grudavam palavra a palavra, frase a frase. Considerado esteticamente, isso é muito cômico; pois, ainda que seja belo ouvir um riacho passar murmurando pela vida, é cômico que uma soma de criaturas racionais se transforme num infindável murmúrio destituído de sentido. Se a Filosofia pode utilizar esta *plebs* "plebe" como uma categoria, tomando-a por substrato para algo maior, tal como a mistura vegetal que aos poucos se faz torrão, primeiro é turfa e depois algo mais, isso eu não sei. Do ponto de vista espiritual, uma tal existência é pecado, e o mínimo que se pode fazer por ela será declará-lo, e exigir dela o espírito.

O que acaba de ser dito não vale para o paganismo. Uma tal existência só pode ser encontrada no interior do cristianismo. A razão disso está em que, quanto mais elevado se põe o espírito, mais profunda se mostra sua exclusão, sim, quanto mais elevado está posto o que se perdeu, tanto mais miseráveis são em seu contentamento όι απηλγηκοτες, "os que perderam toda a sensibilidade" (Ef 4,19). Se quisermos comparar a felicidade da falta de espírito ao estado dos escravos no paganismo, pelo menos na escravidão ainda há algum sentido; pois ela, em si mesma, nada é. Ao contrário, a perdição da falta de espírito mostra-se como a mais terrível de todas, pois a desgraça é justamente esta: que a falta do espírito possui uma relação com o espírito, a qual nada é. Por isso, a falta de espírito pode, em certa medida, possuir todo o conteúdo do espírito, porém não como espírito, veja-se bem, e sim como fantasmagorias, galimatias, frases ocas, etc. Ela pode possuir a verdade, mas, veja-se bem, não como verdade, e sim como boato ou mexerico de comadre. Isso, na perspectiva estética, é o cômico profundo da falta de espírito, algo a que em geral não se presta atenção, porque o seu próprio expositor está mais ou menos inseguro nas coisas espirituais. Quando, por isso, a falta de espírito deve ser retratada, costuma-se colocar em sua boca, em geral, apenas conversa fiada, porque não se tem coragem de deixá-la usar as mesmas palavras que costumeiramente usamos. Isto é insegurança. A falta de espírito pode dizer absolutamente o mesmo que disse o espírito mais rico, só que não o diz pela força do espírito. Determinado como sem espírito, transforma-se o homem numa máquina falante, e não há nada que impeça que ele possa aprender de cor tão bem uma cantilena filosófica quanto uma confissão de fé e um recitativo político. Não é estranho que o único ironista e o maior dos humoristas tivessem que se aliar para afirmar o que parece a coisa mais simples de todas: que é preciso distinguir entre aquilo que se compreende e o que não se compreende? E o que poderia servir de empecilho a que pessoa mais carente de espírito conseguisse repetir, palavra a palavra, a mesma coisa? Só há uma prova para o espírito: é a prova do espírito em cada um em particular; aquele que reclamar alguma outra coisa talvez venha, pela sorte, a acumular provas em abundância; contudo, ele será mesmo assim determinado como carente de espírito.

Na aespiritualidade não há nenhuma angústia, para tanto é por demais feliz, é por demais contente, por demais carente de espírito. Este motivo é, porém, muito triste, e neste ponto a diferença entre o paganismo e a falta de espiritualidade consiste em que aquele se dirige *para* o espírito, e essa se *afasta* do espírito. O paganismo é, pois, pode-se dizer, ausência do espírito, e como tal muito diferente da insipidez espiritual. Neste sentido, o paganismo é bem mais preferível. A aespiritualidade é a estagnação do espírito e a caricatura da idealidade. Por essa razão, a aespiritualidade não é, propriamente, embotada quando se trata de engrolar ladainhas – porém ela é embotada no sentido em que se fala do sal que perde o sabor, com o que se há de salgar, então? Nisso reside justamente a sua perdição, mas também sua segurança – é que nada compreende de modo espiritual, nada concebe como tarefa, ainda que seja capaz de tudo manipular com sua umidade impotente. Se por uma única vez se deixa tocar pelo espírito e começa por um instante a agitar-se como uma rã galvanizada, aí aparece um fenômeno que equivale plenamente ao fetichismo pagão. A aespiritualidade não reconhece nenhuma autoridade, pois ela sabe afinal perfeitamente que para o espírito não há nenhuma autoridade superior, mas já que, por desgraça sua, ela não é espírito, então ela é, apesar de seu saber, uma perfeita idólatra. Ela adora um imbecil e um herói com a mesma veneração, mas, antes de qualquer outro, o seu fetiche, a rigor, é o charlatão.

Ainda que na aespiritualidade não haja nenhuma angústia, porque está excluída, tal como o está o espírito, a angústia não deixa de estar aí, apenas que latente. Podemos imaginar que um endividado pode ter sorte de livrar-se de seu credor e conseguir segurá-lo com conversa fiada, porém existe um credor pelo menos que jamais alguém conseguiu iludir: e é o espírito. A partir da perspectiva do espírito está, pois, a angústia presente na aespiritualidade, ainda que escondida e disfarçada. A própria observação se horroriza ante sua visão, pois, como a figura da angústia, caso a fantasia componha uma tal, é terrível de se olhar, muito mais nos enche de horror quando ela acha necessário mascarar-se para não se mostrar do jeito que ela é, embora o seja efetivamente. Quando a morte se mostra em sua verdadeira figura como a segadeira esquálida e tristonha, nós não a olhamos sem horror, porém quando ela, para zombar dos homens que se gabam de poder zombar dela, adianta-se envolta em disfarces, quando só o observador percebe que essa desconhecida, que cativa a todos com sua cortesia e deslumbra a todos no arrebatamento selvagem do prazer, é a morte, então apossa-se dele um profundo pavor.

§2 Angústia dialeticamente determinada no sentido de destino

Costuma-se geralmente dizer que o paganismo jaz no pecado, porém seria talvez mais justo afirmar que ele reside na angústia. De modo geral, o paganismo é sensualidade, porém uma sensualidade que possui certa relação com o espírito, sem que, contudo, o espírito no sentido mais profundo esteja posto como espírito. Mas essa possibilidade é justamente angústia.

Se perguntarmos mais concretamente qual o objeto da angústia, há que responder, aqui como em toda parte, que é nada. Angústia e nada correspondem constantemente um ao outro. Tão logo a realidade da liberdade e do espírito é posta, é abolida a angústia. Mas o que significa então mais concretamente, no paganismo, o nada da angústia? O destino.

Destino é uma relação com o espírito, como relação exterior; ele é uma relação entre espírito e uma outra coisa que não é espírito, porém com a qual, mesmo assim, o espírito deve permanecer numa relação espiritual. Destino pode significar coisas exatamente opostas[219], dado que ele é unidade de necessidade e contingência. Isso nem sempre tem sido levado em consideração. Tem-se falado sobre o *fatum* pagão (que, por sua vez, é caracterizado diferentemente na concepção oriental ou na dos gregos) como se fosse a necessidade. Um resíduo dessa necessidade acabou ficando na visão cristã, onde passou a significar o destino, isto é, o casual, aquilo que é incomensurável no tocante à providência. Contudo, as coisas não se passam assim, pois destino é justamente unidade de necessidade e casualidade. Isso se exprime de modo engenhoso quando se diz que o destino é cego, pois quem avança cegamente, tanto anda de maneira necessária como casualmente. Uma necessidade que não tem consciência de si mesma é *eo ipso*, "por essa mesma razão" casual com relação ao momento seguinte. O destino é então o nada da angústia. Ele é nada, pois, uma vez posto o espírito, a angústia é abolida, mas igualmente o destino, porque justamente assim fica posta também a providência. Do destino pode-se então dizer o que São Paulo diz dos ídolos: não há nenhum ídolo no mundo, e, contudo, o ídolo é o objeto da religiosidade dos pagãos.

A angústia do pagão tem no destino seu objeto, seu nada. Ele não pode entrar numa relação com o destino, pois, assim como neste mesmo instante o destino é o necessário[220], no instante seguinte é o contingente. E, contudo, ele está numa relação com o destino, e esta relação é a angústia. Mais próximo do destino o pagão não consegue chegar. A tentativa que o paganismo empreendeu nesse rumo foi suficientemente profunda para jogar uma nova luz sobre a questão. Quem deve explicar o destino tem de ser tão ambíguo quanto o destino. Assim era também o *oráculo*. Do mesmo modo que o destino, o oráculo podia, por sua vez, significar coisas inteiramente opostas[221]. A relação do pagão com o oráculo é mais uma vez angústia. Aqui reside o trágico profundo, insondável, que há no paganismo. O trágico não consiste, contudo, no fato de as sentenças do oráculo serem ambíguas, mas, isso sim, em não ousar o pagão dispensar buscar conselho nelas. Ele está numa relação com o oráculo, não tem coragem de deixar de o consultar; mesmo no momento da consulta, conserva uma relação ambígua com ele (de simpatia e de antipatia). E o que dizer então das interpretações do oráculo!

O conceito de culpa e pecado não surge no sentido mais profundo no paganismo. Se chegasse ao primeiro plano, o paganismo afundaria por causa da contradição de alguém se tornar culpado pelo destino. Pois esta é a suprema contradição, e nessa contradição irrompe o cristianismo. O paganismo não a percebe, para isso ele é leviano demais na definição do conceito de culpa.

O conceito de pecado e de culpa constitui o indivíduo como o indivíduo[222]. Não vem ao caso aqui qualquer relação com o mundo inteiro, com todo o passado. Trata-se apenas de que ele é culpado e, contudo, deve ser culpado em razão do destino, em razão, pois, de tudo quanto não vem ao caso, e ele deve com isso vir a ser algo que justamente supera o conceito de destino, e ele vem a sê-lo pelo destino.

Essa contradição, se concebida numa maneira equivocada, fornece o conceito equivocado de pecado hereditário, e corretamente compreendida dá o conceito verdadeiro, de tal modo, com efeito, que cada indivíduo é ele mesmo e o gênero humano, e o indivíduo posterior não é essencialmente diferente do primeiro. Na possibilidade da angústia, a liberdade esmorece, sobrepujada pelo destino, agora a sua realidade se soergue, mas com a explicação de que se tornou culpada. A angústia, em seu ponto extremo, quando parece que o indivíduo se tornou culpado, ainda não é a culpa. O pecado não surge nem como uma necessidade nem como algo casual, e por isso corresponde ao conceito de pecado: a providência.

No interior do cristianismo encontramos a angústia do paganismo em relação ao destino onde quer que o espírito decerto esteja presente, mas ainda não tenha sido posto essencialmente como espírito.

Esse fenômeno se mostra com mais nitidez quando nos propomos a observar um gênio. O gênio é imediatamente, enquanto tal, uma subjetividade predominante. Ainda não está posto como espírito, pois, como tal, somente é posto pelo espírito. Como imediato, ele pode ser espírito (aqui reside a ilusão, como se suas qualidades extraordinárias fossem espírito instituído como espírito), mas neste caso tem fora de si algo de diferente, que não é espírito, e está mesmo numa relação exterior com o espírito. Por isso, o gênio descobre constantemente o destino e, quanto mais profundo é o gênio, mais profundamente o descobre. Para os carentes de espírito isso, naturalmente, é uma tolice, mas na realidade isso é que é o grandioso, pois com a ideia de providência ninguém nasce, e aqueles que acham que a educação nos dá, de forma sucessiva, tal ideia, erram gravemente, sem que com isso eu pretenda negar a importância da educação. Com isso, justamente, ao descobrir o destino, o gênio revela sua potência de força original, e em seguida ele revela, por sua vez, sua impotência. Para o espírito imediato, que o gênio sempre é, só que ele é espírito imediato *sensu eminentiori* "no sentido mais elevado" – o destino é o limite. Só com o pecado se porá a providência. Por isso, o gênio tem uma tremenda batalha para alcançá-la. Se não a alcançar, então poderemos usá-lo para estudar melhor o destino.

O gênio é um *Ansich* "em si" todo-poderoso que, como tal, poderia abalar o mundo inteiro. Por uma questão de ordem, surge por isso junto com ele uma outra figura, que é o destino. Este é nada; e o é para ele mesmo, que o descobre, e quanto mais profundo o gênio, tanto mais profundamente ele o descobre; pois esta figura nada mais é do que a antecipação da providência. Se ele prossegue então sendo apenas gênio e se volta para fora, pode realizar o assombroso e, contudo, permanecerá o tempo todo submetido ao destino, senão externamente, de modo palpável e visível para todos, ao menos internamente. Por isso a existência de um gênio será sempre igual a uma aventura, se ele não conseguir voltar-se para dentro de si mesmo, no sentido mais profundo. O gênio é capaz de tudo e, no entanto, é dependente de uma insignificância que ninguém percebe, uma coisa sem importância a que o próprio gênio, por sua vez, com sua onipotência, dá uma importância todo-poderosa. Por isso, um segundo-tenente, quando é gênio, é capaz de se tornar imperador, recriar o mundo de modo que não fique senão um único império e um único imperador. Mas, pela mesma razão, um exército pode estar ordenado em linha de combate, as condições da batalha absolutamente favoráveis, talvez no próximo minuto desperdiçadas, um reino de heróis implorando pela palavra de comando para o ataque, porém ele não pode, ele tem necessidade de aguardar o 14 de junho, e por quê? – Porque é essa a data da Batalha de Marengo. Por isso, tudo pode estar pronto, ele próprio parado diante das legiões, apenas aguardando que o sol se levante e com isso intima ao discurso que eletrizará os soldados, e o sol pode raiar mais esplendoroso do que nunca, uma cena que entusiasma e inflama a qualquer um, menos a ele, pois tão esplendoroso não era o sol de Austerlitz, e só o sol de Austerlitz dá a vitória e arrebata. Daí a inexplicável paixão com a qual um tal homem, tantas vezes, pode enfurecer-se contra uma pessoa completamente insignificante, embora em outras ocasiões possa mostrar humanidade e amabilidade mesmo frente aos inimigos. Sim, ai do homem, ai da mulher, ai da inocente criança, ai do animal do campo, ai do pássaro cujo voo e ai da árvore cujos ramos se atravessarem em seu caminho no instante em que ele deve receber seu presságio.

O exterior, como tal, nada significa para o gênio, e por isso ninguém consegue compreendê-lo. Tudo depende de como ele mesmo o compreende na presença de seu amigo secreto (o destino). Pode tudo estar perdido, o homem mais simplório e o mais sábio podem estar de acordo em dissuadi-lo de sua infrutífera tentativa. Contudo, o gênio sabe que ele é mais forte do que o mundo inteiro, contanto que, nesse exato momento, não descubra nenhum comentário duvidoso para o escrito invisível, em que ele lê a vontade do destino. Se a lê de acordo com seus desejos, então exclama com sua onipotente voz para o piloto: "Solta as velas, tu transportas César e sua sorte". Pode tudo estar conquistado e, no mesmo momento em que ele recebe a notícia, ressoa talvez uma palavra, cujo significado nenhuma criatura, nem Deus nos céus compreende (pois, num certo sentido, nem mesmo Ele entende o gênio) e este sucumbe impotente.

Desse modo, o gênio está posto fora do universal. Ele é grande por sua fé no destino, quer ele vença, quer ele caia; pois ele vence por si mesmo e cai por si mesmo, ou melhor, ambas as coisas ocorrem pelo destino. Em geral, só se admira a sua grandeza quando vence e, contudo, jamais é maior do que quando cai por si mesmo. Com efeito, isso se deve entender da maneira seguinte: que o destino não se anuncia de um modo exterior. Ao contrário, justo no momento em que humanamente falando tudo está ganho, ele descobre a versão duvidosa e então afunda, nesse exato momento todos podem por certo exclamar: que gigante não seria necessário para o abater! Mas, por isso, ninguém o conseguiria, a não ser ele mesmo. A fé que submetia reinos e nações da terra à sua mão poderosa, enquanto os homens acreditavam estar assistindo a um conto de fadas, essa mesma fé o derrubou, e a sua queda é uma história ainda mais indecifrável.

Por isso, o gênio se angustia numa hora diferente da dos homens comuns. Esses só descobrem o perigo no instante do perigo, até então se sentem seguros, e uma vez passado o perigo estão seguros de novo. O gênio está mais forte que nunca no instante do perigo (já a sua angústia situa-se no instante anterior e no instante posterior), nesse momento tremendo em que ele precisa ter uma conversa com aquele grande desconhecido que é o destino. Talvez a maior de todas as suas angústias se dê justamente no instante seguinte, porque a impaciência da certeza cresce sempre numa proporção inversa à curteza da distância, já que sempre há mais a perder à proporção que se está mais próximo de vencer e principalmente no próprio instante da vitória, mas também porque a lógica do destino justamente não tem nenhuma lógica[223].

O gênio, enquanto tal, não é capaz de se entender religiosamente e, assim, não chega nem ao pecado nem à providência; e, por essa razão, fica numa relação da angústia com o destino. Jamais existiu algum gênio sem essa angústia, a não ser que, concomitantemente, tivesse sido religioso.

Se permanecer como imediatamente determinado e voltado só para o exterior, nesse caso até tornar-se-á grande, e suas façanhas surpreendentes, mas jamais chegará a si próprio e nunca chegará a ser grande por si mesmo. Todas as suas ações dirigem-se para fora, porém o núcleo, se me permitem dizer, planetário que ilumina tudo não chega a formar-se. A importância do gênio para si próprio é nenhuma, ou é de uma melancolia tão duvidosa quanto o seria a simpatia com que os habitantes de uma das ilhas Féroe se alegrariam, caso nessa ilha vivesse um conterrâneo que, com escritos em diferentes línguas europeias, assombrasse toda a Europa e transformasse as ciências graças a seus méritos imortais, mas, por outro lado, jamais redigisse uma única frase em feroico, e por fim até esquecesse de como é que se fala isso. O gênio jamais adquire importância para si próprio, no sentido mais profundo do termo, nem o seu alcance pode ser definido acima do destino, no que tange àquelas categorias que são todas temporais: fortuna, infortúnio, glória, honra, poder, renome imortal. Fica excluída qualquer determinação mais profundamente dialética da angústia. A última seria a de ser visto como culpado, de modo que a angústia não visasse à culpa, porém a sua simples aparência, que é uma determinação ligada à honra. Este estado de alma bem que mereceria um tratamento poético. Algo semelhante pode suceder a qualquer homem, mas o gênio já tomaria isso com tanta profundidade que não estaria lutando contra os homens, porém contra os mais profundos mistérios da vida.

Ora, que uma existência tão genial, apesar de seu brilho, sua glória e sua importância seja pecado, será que é preciso coragem para o compreender? E dificilmente se poderá compreendê-lo antes de se aprender a saciar a fome de sua alma cheia de desejos. No entanto, as coisas são assim mesmo. O fato de uma tal existência poder até um certo ponto ser feliz não prova nada. Podemos, afinal, conceber seus dotes como um meio de distração e ao percebermos isso em nenhum instante nos elevarmos acima das categorias que abarcam o temporal. Contudo, só por meio de um acerto de contas religioso ficam justificados no sentido mais profundo o gênio e o talento. Se tomarmos um gênio como Talleyrand, encontrava-se então nele afinal a possibilidade de um acerto muito mais profundo na sua existência. Ele o evitou. Ele seguiu a determinação que havia nele para o exterior. O seu admirado gênio de intrigante mostrou-se de modo magnífico, foi admirada a sua maleabilidade, o ponto de saturação de seu gênio (para usar um termo que os químicos empregam a respeito dos ácidos corrosivos), mas ele pertence à temporalidade. Se um tal gênio tivesse desdenhado a temporalidade como algo imediato, se tivesse se voltado para si próprio e para o divino, que gênio religioso não teria surgido daí! Mas, quantos tormentos ele não teria, igualmente, suportado! Seguir as disposições imediatas facilita a vida, quer se seja grande ou pequeno, mas a recompensa será também proporcional, seja-se grande ou pequeno, e quem não é tão maduro espiritualmente para entender que até uma honra imortal que perpassa todas as gerações não passa de uma categoria da temporalidade, não entende que aquilo cuja perseguição conserva a alma do homem insone no desejo e no apetite é algo tão imperfeito em comparação com a imortalidade que aguarda a cada um, e com toda razão despertaria a inveja justificada de todo o mundo se, porventura, tal imortalidade fosse reservada a um só homem – não avançará muito em sua explicação do espírito e da imortalidade.

§3 Angústia dialeticamente no sentido de culpa

Costuma-se dizer geralmente que o judaísmo corresponde ao ponto de vista da lei. No entanto, isso também se pode expressar dizendo que o judaísmo está situado na angústia. Mas o nada da angústia significa aqui uma outra coisa que não é destino. É nesta esfera que se mostra do modo mais paradoxal a combinação: angustiar-se – nada, pois culpa afinal de contas já é por certo alguma coisa. E, no entanto, é correto que enquanto ela é objeto da angústia, ela é nada. A ambiguidade está na relação, pois, assim que a culpa é posta, a angústia passa, e vem o arrependimento. A relação, tal como a da angústia, é sempre de simpatia e antipatia. Isso parece de novo um paradoxo, porém não é assim, pois ao mesmo tempo em que a angústia teme, ela mantém uma comunicação maliciosa com seu objeto, não consegue desviar os olhos dele, nem mesmo o quer, pois se o indivíduo quiser fazê-lo, o arrependimento aparecerá. Se isso parece um discurso difícil para fulano ou beltrano, não posso fazer nada. Aquele que tem a firmeza conveniente para ser, se ouso dizê-lo, fiscal divino, embora não no que tange aos outros, mas sim quanto a si mesmo, não o achará difícil. A vida mostra, aliás, suficientemente fenômenos em que o indivíduo na angústia fixa na culpa um olhar quase ávido e, contudo, a teme. Aos olhos do espírito a culpa possui o mesmo poder de encantamento que tem o olhar da serpente. Nesse ponto reside a verdade da visão carpocrática de se alcançar a perfeição, passando pelo pecado. Isso tem sua verdade no instante da decisão, quando o espírito imediato se põe como espírito pelo espírito; por outro lado, seria blasfêmia achar que ela deve realizar-se *in concreto*.

Justamente nesse ponto o judaísmo está mais avançado que a cultura grega, e também se pode ver o momento simpático na sua relação de angústia quanto à culpa no fato de que por preço algum o judaísmo a trocaria pela expressão grega, mais leviana, de destino, fortuna e infortúnio.

A angústia que há no judaísmo é a angústia diante da culpa. A culpa é uma potência que se alastra por toda parte e que, contudo, ninguém pode entender num sentido mais profundo, enquanto ela incuba, aninhada sobre a existência. O que deve explicá-la tem de ser da mesma natureza dela, tal como ao oráculo correspondia o destino. Ao oráculo no paganismo equivale, no judaísmo, a oferta sacrifical. Mas é por isso que ninguém consegue compreender o sacrifício. Aí reside o trágico profundo no judaísmo, analogamente à relação com o oráculo no paganismo. O judeu se refugia no sacrifício, porém este não o socorre, pois o que poderia auxiliá-lo de fato seria que a relação da angústia com a culpa se anulasse, e se estabelecesse uma relação efetiva. Já que isso não ocorre, o sacrifício torna-se ambíguo, o que se expressa em sua repetição, cuja extrema consequência seria um puro ceticismo no sentido da reflexão sobre o ato mesmo do sacrifício.

Por isso, o que valia para o que já foi visto, de que só com o pecado surge a providência, vale aqui de novo; só com o pecado a reconciliação é posta, e seu sacrifício não se repete. A razão disso não está, se me atrevo a dizer, na perfeição exterior do sacrifício, mas a perfeição do sacrifício corresponde a que a relação real do pecado esteja posta. Enquanto não estiver posta a relação real do pecado, o sacrifício terá de ser repetido. (Assim se repete, de fato, o sacrifício no catolicismo, muito embora ao mesmo tempo se admita a perfeição absoluta do sacrifício.)

O que aqui foi indicado brevemente em termos histórico-universais repete-se, no interior do cristianismo, nas individualidades. O gênio manifesta aqui de novo, com total clareza, o que nos homens dotados de menos originalidade acontece de um modo que não se deixa tão facilmente categorizar. Em princípio o gênio só é diferente de qualquer outro homem pelo fato de que conscientemente começa, dentro de seu pressuposto histórico, tão primitivamente quanto Adão. Cada vez que nasce um gênio, a existência é como que posta à prova, pois ele atravessa e experiencia tudo o que já foi recorrido até ele alcançar a si próprio. Por isso, o saber do gênio a respeito do passado é totalmente diverso daquele que se oferece nas vistas panorâmicas de história universal.

Que o gênio pode permanecer em sua determinação imediata, já foi indicado acima, e a explicação de que isto constitui pecado inclui também a verdadeira cortesia para com o gênio. Toda vida humana tem uma disposição religiosa. Querer negá-la significa deixar que tudo se confunda e abolir os conceitos de indivíduo, gênero humano e imortalidade. A esse ponto seria de desejar que a gente aplicasse sua perspicácia, pois aqui há problemas extremamente difíceis. Dizer que um homem de mente intrigante deve ser diplomata ou delegado de polícia, que um homem com talento mímico para o cômico deve tornar-se ator, ou que um homem sem nenhum talento deve ser foguista da prefeitura, constitui uma concepção da vida que não diz nada, ou, antes, nem constitui uma concepção, visto que ela só expressa o óbvio. Explicar, porém, de que modo a minha existência religiosa se relaciona com minha existência exterior e aí se exprime, eis a tarefa. Mas quem se dá ao trabalho, em nosso tempo, de pensar sobre tais coisas? E isso, embora agora, mais do que nunca, a vida atual se mostre como um instante que passa voando por nós. Mas, em vez de se aprender daí a agarrar o eterno, aprende-se somente a desperdiçar a sua vida, a de seu próximo e o instante – na caçada do instante[224]. Desde que se participe, pelo menos uma vez se conduza a valsa do instante, já se pode dizer que se viveu, já se é invejado pelos desafortunados que, embora não tenham nascido, mas se atirado de cabeça na vida, e continuem a se jogar de cabeça através dela, nunca tiveram sucesso. Já se viveu, pois: o que há de mais precioso na vida do que a passageira beleza de uma jovem, que realizou uma extraordinária façanha se conseguiu encantar, por uma única noite, as filas de pares de dança, para fenecer somente no raiar do dia? Para meditar de que modo uma existência religiosa pervade e entretece uma existência exterior, para isso não há tempo. Se não se corre por aí na pressa do desespero, então se apanha afinal o que estiver mais à mão. Desse modo, talvez até se consiga tornar-se algo de grandioso no mundo; e, se ainda por cima se for, de vez em quando, à igreja, então tudo estará perfeito! Isso parece indicar que para alguns indivíduos o religioso é o absoluto, e para outros não[225] e então, boa-noite para qualquer sentido da vida! A reflexão se torna tanto mais difícil, naturalmente, quanto mais a tarefa exterior se afastar do religioso enquanto tal. Que aprofundamento religioso sobre si próprio não seria preciso para se entender de modo religioso um trabalho tão exterior como, por exemplo, o de se tornar ator cômico! Que isso possa ser feito, não nego, pois quem tem certa experiência nas questões do religioso sabe perfeitamente que ele é mais maleável que ouro e absolutamente comensurável. O erro da Idade Média não foi a reflexão voltada para o religioso, mas o fato de que se parava cedo demais. Ressurge aqui a questão da repetição; ou seja, até que ponto uma individualidade consegue, após ter iniciado a reflexão religiosa sobre si própria, reconquistar-se integralmente, nos mínimos detalhes? Na Idade Média as pessoas rompiam. Assim, quando uma individualidade devia chegar a ponto de retomar-se a si mesma, topava então, por exemplo, com o fato de ser engraçada, com seu senso de humor, etc.; então anulava tudo isso como algo de imperfeito. Em nossos dias, com excessiva facilidade se conclui que tal coisa era bobagem, pois quem tem graça e talento para o cômico é um privilegiado da sorte[226] – que mais se pode pretender? É claro que tais explicações não pressentem nem de longe o problema, pois, assim como as pessoas de nosso tempo nascem mais espertas do que antigamente para as coisas do mundo, a grande massa já nasce cega para o que diz respeito ao religioso. Na Idade Média, porém, encontram-se exemplos que mostram que essa consideração foi levada mais adiante. Quando, então, por exemplo, um pintor concebia o seu talento na perspectiva religiosa, sem que esse talento pudesse traduzir-se em obras próximas aos temas religiosos, era possível ver um tal artista concentrar com a mesma devoção toda a sua alma na pintura de uma Vênus, e conceber sua vocação artística com a mesma piedade daquele que servia à Igreja cativando o olhar da comunidade à visão da beleza celestial. No entanto, com referência a tudo isso, é preciso esperar que surjam indivíduos que, apesar de seus dotes exteriores, não escolham o caminho mais largo, porém a dor, a penúria e a angústia, em que se reorientam para o religioso e perdem, por assim dizer, até aí, aquilo que é tão sedutor possuir. Tal batalha exige, indubitavelmente, muito esforço, pois haverá instantes em que quase se arrependerão de a ter iniciado, e tristes, sim, por vezes talvez próximos do desespero, lembrarão a existência risonha que teria sido a sua se tivessem seguido o impulso imediato do talento. Contudo, indubitavelmente, o homem atento, no mais extremado pavor da miséria, quando tudo parece perdido porque o caminho que ele quer forçar é intransitável e o caminho sorridente do talento, ele o cortou por conta própria, ouvirá uma voz que diz: "Muito bem, meu filho! É só seguir adiante, pois quem tudo perde tudo ganha".

Observemos agora um gênio religioso, isto é, um gênio que não deseja parar em sua imediatidade. Se alguma vez há de chegar a se voltar para o exterior, isso é para ele um problema para mais tarde. A primeira coisa que ele faz, entretanto, é voltar-se para si próprio. Como o gênio imediato tinha o destino, assim se dá ao gênio religioso a culpa como a figura que o segue. Com efeito, quando se volta para si próprio, volta-se *eo ipso* para Deus, e o protocolo exige que, quando o espírito finito quer ver Deus, então deve iniciar como culpado. Ao voltar-se para si mesmo, descobre a culpa. Quanto maior o gênio, mais profundamente ele descobrirá a culpa. Que para a carência de espírito isso pareça uma tolice, é para mim uma alegria e um sinal animador. O gênio não é como as pessoas, em geral, o são e nem se contentaria com isso. A razão disso não está em que ele despreze os outros, mas sim em que de maneira primitiva ele se ocupa consigo mesmo, enquanto todos os outros homens e suas explicações nem o ajudam nem prejudicam.

Que ele descubra com tanta profundidade a culpa, revela que esse conceito se lhe apresenta *sensu eminentiori,* tal como o seu oposto: a inocência. Acontecia o mesmo com o gênio imediato na sua relação com o destino, pois todo homem tem uma relação, por menor que seja, com o destino, porém fica-se por aí, na conversa fiada que não percebe o que Talleyrand (e já antes dele Young) descobriu, e, contudo, não levou tão bem à perfeição como a conversa fiada o faz:

que a língua existe para ocultar os pensamentos – ou seja, que não se tem nenhum.

Ao voltar-se então para dentro de si, descobre a liberdade. O destino ele não teme, pois ele não se propõe qualquer tarefa voltada para fora, e a liberdade, para ele, é sua beatitude, não a liberdade de fazer isto ou aquilo no mundo, de ser rei e imperador ou "cambista" da época atual, porém a liberdade de saber, no seu íntimo, que ele é liberdade. Contudo, quanto mais alto ascende o indivíduo, tanto mais caro tudo é comprado e, em respeito a uma boa ordem, nasce, junto com este *an-sich* "em si" da liberdade, uma outra figura, que é a culpa. Esta, tal como antes o destino, é a única coisa que ele teme; contudo, o seu temor não é aquilo que era o máximo na situação anterior: medo de parecer culpado, e sim medo de o ser.

Na mesma proporção em que ele descobre a liberdade, na mesma proporção avança sobre ele a angústia do pecado, no estado de possibilidade. Ele só teme a culpa, pois ela é a única coisa que pode roubar-lhe a liberdade. Fácil de ver que a liberdade aqui não é de jeito nenhum desafio, nem liberdade egoísta no sentido finito. Com tal suposição muitas vezes se procurou explicar a eclosão do pecado. Entretanto, isso é esforço perdido, pois a suposição de tal premissa representa dificuldades ainda maiores do que a própria explicação. Quando a liberdade é concebida deste modo, ela tem seu oposto na necessidade, o que mostra que se concebeu a liberdade numa *determinação-de-reflexão*. Não, o oposto da liberdade é a culpa, e o máximo na liberdade está em que ela sempre tem a ver só consigo mesma, em sua possibilidade projeta a culpa, e a põe, por conseguinte, por si mesma e, se a culpa é posta realmente, a põe por si mesma. Se não se prestar atenção a isso, ter-se-á brilhantemente confundido a liberdade com algo totalmente diferente: com *força*.

Se então a liberdade teme a culpa, o que ela teme não é reconhecer-se culpada caso o seja, mas o que ela teme é tornar-se culpada, e é por isso que a liberdade reaparece, como arrependimento, tão logo a culpa é posta. Mas a relação da liberdade com a culpa é, até aí, uma possibilidade. Aqui, o gênio se mostra de novo ao não pular fora da decisão primitiva, não procurar a decisão fora de si, junto a fulano e beltrano, ao não se satisfazer com o regatear usual. Só por si mesma a liberdade pode vir a saber se ela é liberdade ou se a culpa foi posta. Por isso não há nada mais ridículo do que supor que a questão de saber se se é um pecador ou se se é culpado pertence à rubrica das lições decoradas.

A relação da liberdade para com a culpa é angústia, porque a liberdade e a culpa ainda são possibilidade. Mas, à medida que a liberdade fixa seu olhar sobre si mesma com toda a sua paixão, e quer manter a culpa afastada de si, de modo que não reste dela nem uma penugem na liberdade, não consegue evitar cravar o olhar na culpa, e essa fixação é a fixação ambígua da angústia, tal como até mesmo a renúncia no interior da possibilidade é um desejo.

Aqui é que se mostra corretamente em que sentido há para o indivíduo posterior um '*mais*' na angústia comparada com a de Adão[227]. A culpa é uma representação mais concreta, que se torna, na relação da possibilidade para com a liberdade, cada vez mais possível. Finalmente, é como se a culpa do mundo todo se reunisse para torná-lo culpado e, o que dá no mesmo, como se, tornando-se culpado, fosse culpado da culpa do mundo todo. Pois a culpa tem a característica dialética de não se deixar transferir; mas aquele que se torna culpado torna-se também culpado por aquilo que ocasionou a culpa, pois culpa jamais tem como causa próxima algo de exterior; e aquele que cai na tentação, é culpado ele mesmo dessa tentação.

Na relação da possibilidade, isso se mostra na desilusão; ao contrário, sempre que o arrependimento aparece com o pecado real, ele tem como seu objeto o pecado real. Na possibilidade da liberdade, a regra é que quanto mais profunda a descoberta da culpa tanto maior é o gênio; pois a grandeza do homem depende total e absolutamente da energia de sua relação com Deus, mesmo que esta relação com Deus se expresse de uma forma totalmente errônea como destino.

Assim como o destino acaba apoderando-se do gênio imediato, e é este, a rigor, seu instante de culminância, não a realização fulgurante seguinte, que deixa perplexos os homens e atrai o artesão, fazendo-o largar sua faina diária para se assombrar, porém o instante em que o gênio por si mesmo sucumbe em face de si mesmo[228], pela força do destino; assim também a culpa apossa-se do gênio religioso, e este é o instante de culminância, o instante em que ele é o maior, não aquele instante em que a visão de sua piedade é como a festividade de um feriado extraordinário, porém o instante em que, por si mesmo, o gênio sucumbe em face de si mesmo no abismo da consciência do pecado.

Caput IV

Angústia do pecado ou angústia como consequência do pecado no indivíduo

Pelo salto qualitativo o pecado entrou no mundo, e é sempre assim que ele entra. Uma vez posto, dever-se-ia crer que a angústia foi abolida, já que se definiu a angústia como o mostrar-se da liberdade para si mesma na possibilidade. O salto qualitativo é, certamente, a realidade efetiva, e assim, por certo, a possibilidade está abolida e [com ela] a angústia. Contudo, não é assim. Pois, por uma parte, a realidade efetiva não é um único instante e, por outra parte, a realidade que foi efetivamente posta é uma realidade indevida[229]. A angústia retorna então em relação ao que foi posto e ao futuro. Contudo, o objeto da angústia é agora algo determinado, o seu nada é alguma coisa efetiva, já que a diferença entre bem e mal[230] está posta *in concreto,* e por isso a angústia perdeu sua ambiguidade dialética. Isto vale tanto para Adão quanto para qualquer indivíduo posterior a ele; pois pelo salto qualitativo eles são completamente iguais.

Quando o pecado é posto no indivíduo, pelo salto qualitativo, aí se coloca a diferença entre bem e mal. Nós em lugar nenhum incorremos na estupidez de achar que o homem *tem de* pecar, sempre protestamos, pelo contrário, contra todo saber apenas experimental, e afirmamos, o que agora tornamos a repetir, que o pecado pressupõe a si próprio do mesmo modo como a liberdade, e não se deixa explicar por meio de algo antecedente. Fazer principiar a liberdade como um *liberum arbitrium* (que não se encontra em lugar nenhum, cf. Leibnitz) que tanto pode escolher o bem como o mal, é tornar radicalmente impossível qualquer explicação. Falar de bem e mal como objetos da liberdade significa conceber de modo finito tanto a liberdade quanto os conceitos de bem e de mal. A liberdade é infinita e aparece do nada. Por isso, querer dizer que o homem peca de maneira necessária, é querer esticar numa linha reta o círculo do salto. Que tal atitude pareça a muitos altamente plausível, tem seu motivo no fato de que a falta de reflexão[231] atinge muita gente da maneira mais natural e que foi legião o número dos que em todas as épocas tiveram por louvável um modo de ver que ao longo dos séculos em vão foi rotulado como: λογος αργος (Crisipo), *ignava ratio* (Cícero), *sophisma pigrum, la raison paresseuse* (Leibnitz)[232].

A Psicologia agora reencontrou a angústia como seu objeto; deve, contudo, ser cuidadosa. A história da vida individual progride num movimento que vai de estado a estado. Cada estado é posto com um salto. Tal como o pecado entrou no mundo ele continua a entrar, se não é estancado. Contudo, cada uma de suas repetições não constitui simples consequência, porém um novo salto. A cada um desses saltos precede um estado como a aproximação psicológica mais próxima. Esse estado é o objeto da Psicologia. Em cada estado está presente a possibilidade e, por conseguinte, a angústia. Assim são as coisas, depois que foi posto o pecado; pois só no bem há unidade de estado e passagem.

§1 Angústia diante do mal

a) O pecado posto é, sem dúvida, uma possibilidade anulada, mas é também uma realidade indevida. Até aí, a angústia pode relacionar-se com ela. Já que ela é uma realidade indevida, deve ser negada outra vez. A angústia assumirá esse trabalho. Aqui se acha o campo de manobra para a engenhosa arte sofística da angústia. Enquanto a realidade do pecado, tal como o Comendador, prende em sua gélida destra uma das mãos da liberdade, a outra mão se debate contra[233] a ilusão e o engano e os ofuscamentos da eloquência[234].

b) O pecado posto é também em si consequência, embora seja uma consequência estranha à liberdade. Esta consequência se anuncia, e a relação da angústia se volta para o sobrevir[235] da consequência, que é a possibilidade de um novo estado. Por mais fundo[236] que um indivíduo tenha afundado[237], sempre pode afundar ainda mais fundo, e este "pode" constitui o objeto da angústia. Quanto mais a angústia afrouxa, tanto mais quer dizer que a consequência do pecado penetrou no indivíduo *in succum et sanguinem*[238], e que o pecado conquistou direito de cidadania na individualidade.

O pecado significa aqui o concreto, naturalmente; pois jamais se peca no atacado ou na generalidade. Mesmo o pecado[239] de desejar voltar para antes da realidade do pecado não é um pecado no geral, e jamais ocorreu um desta espécie. Quem conhece alguma coisa a respeito dos homens sabe muito bem que a arte sofística sempre se comporta de maneira a bater continuamente num ponto particular, o qual, entretanto, varia constantemente. A angústia quer banir a realidade do pecado, porém não completamente, ou melhor: quer, até certo ponto, dar a realidade do pecado por concluída, mas só até certo ponto, bem entendido. Assim, ela não deixa de ter uma inclinação de flertar um pouco com as determinações quantitativas, sim, quanto mais evoluída ela é, tanto mais adiante ousará levar este galanteio, mas tão logo os gracejos e passatempos da determinação quantitativa querem capturar o indivíduo no salto qualitativo, assim como quando o tamanduá espreita o orifício formado na areia solta, aí a angústia se retrai cautelosamente e tem ali um pontinho que deve ser salvo, e que é sem pecado; e no instante seguinte um outro. A consciência do pecado plasmada com profundidade e seriedade na expressão do arrependimento é uma grande raridade. Contudo, tanto no meu interesse como no do pensamento e no do próximo, vou vigiar-me para não me expressar neste ponto como, presumivelmente, o teria expressado Schelling, que fala em algum lugar do gênio da ação no mesmo sentido como o de um gênio da música, etc. Assim, pode-se às vezes, sem estar consciente disso, destruir tudo com uma única palavra explicativa. Se cada ser humano não participa, essencialmente, no absoluto, então tudo acaba. Por isso, na esfera do religioso, não se deve falar do gênio como de um talento especial dado só a alguns; pois o talento aqui consiste em querer, e, a quem não quer, convém que, ao menos, demos a honra de não o lamentar.

Em termos de Ética, o pecado não é nenhum estado. O estado constitui, ao contrário, a última aproximação psicológica rumo ao estado seguinte. A angústia está agora sempre presente como possibilidade do novo estado. No estado que foi descrito primeiro *(a)*, a angústia é mais notória, em contraste com *(b)*, em que desaparece mais e mais. Mas a angústia, mesmo assim, está fora de um tal indivíduo e, vista da perspectiva do espírito, é maior do que qualquer outra. Em *(a)* depara-se a angústia com a realidade do pecado, de onde sofisticamente ela produz a possibilidade, enquanto que, do ponto de vista ético, ela peca. O movimento da angústia aí é o oposto ao da inocência, onde, psicologicamente falando, produz a partir da possibilidade do pecado a realidade dele, enquanto que, do ponto de vista ético, essa surge com o salto qualitativo. Em *(b)* a angústia se depara com a possibilidade de pecar ainda mais. Se aqui a angústia decresce, então o explicamos pelo fato de que a consequência do pecado vence.

c) O pecado posto é uma realidade injustificada, ele é realidade e foi posto pelo indivíduo como realidade no arrependimento, mas o arrependimento não se converte na liberdade do indivíduo. A angústia é rebaixada a uma possibilidade com relação ao pecado; em outras palavras: o arrependimento não pode anular o pecado, só pode lamentar por ele. O pecado avança na sua consequência, o arrependimento o segue passo a passo, porém sempre um instante atrasado. Ele se obriga a contemplar o terrível, porém ele é como aquele enlouquecido rei Lear (*O du zertrümmert Meisterstück der Schöpfung?*[240]), que perdeu as rédeas do governo e apenas mantém a força de se afligir. A angústia se encontra aqui no ponto máximo. O arrependimento perdeu a razão e a angústia ficou potenciada em arrependimento. A consequência do pecado avança, arrasta atrás de si o indivíduo como a uma mulher que o carrasco vai arrastando pelos cabelos enquanto ela grita no desespero. A angústia vai à frente, ela descobre a consequência antes que esta chegue, como se pode pressentir em si mesmo que uma tempestade está a se formar; ela se aproxima, e o indivíduo treme como um cavalo que estanca, fremente, no lugar onde uma vez se assustou. O pecado triunfa. A angústia atira-se desesperada nos braços do arrependimento. O arrependimento arrisca sua derradeira cartada. Concebe a consequência do pecado como o padecimento de um castigo, a perdição como a consequência do pecado. Ele está perdido, sua sentença já foi lida, sua condenação está garantida, e o agravamento da pena reside em que o indivíduo será arrastado através da existência, até o local da execução. Em outras palavras: o arrependimento enlouqueceu.

A vida pode oferecer ocasiões de observar o que foi aqui indicado. Um tal estado raramente se encontra entre aquelas naturezas totalmente corrompidas, mas em geral só nas mais profundas, pois deve haver uma considerável originalidade e uma resistência na vontade insensata para não cair nem sob (*a*) nem sob (*b*). O sofisma, que a todo o momento o arrependimento enlouquecido consegue criar, nenhuma dialética tem condições de vencer. Um tal arrependimento tem uma contrição que é muito mais poderosa na expressão e na dialética da paixão do que o arrependimento verdadeiro (em outro sentido ele é, naturalmente, mais impotente, mas é curioso de ver – o que decerto já foi percebido por quem cultiva observações desse tipo – que dotes de persuasão e que eloquência um tal arrependimento possui para desarmar todas as objeções, para convencer todos aqueles que dele se acercam, para então voltar a desesperar de si mesmo assim que esta sua diversão acaba). Pretender fazer parar tal horror com palavras e ditos populares é esforço perdido; e aquele que imaginar poder detê-lo, pode sempre estar certo de que seu sermão não será mais do que um balbucio pueril em comparação com a eloquência munida das forças dos elementos posta a serviço daquele arrependimento. O fenômeno tanto pode manifestar-se no que toca ao sensual (adição à bebida, ao ópio, ao deboche, etc.) como no tocante ao que há de superior no homem (orgulho, vaidade, ira, ódio, obstinação, malícia, inveja, etc.). O indivíduo pode arrepender-se de sua ira e, quanto mais profundo é o indivíduo, mais profundo o arrependimento. Mas o arrependimento não consegue libertá-lo; aí é que ele se engana. A oportunidade apresenta-se; a angústia já a descobriu, cada um de seus pensamentos estremece, e a angústia vampiriza a força do arrependimento e sacode a cabeça; é como se a ira já tivesse vencido, o indivíduo já pressente a prostração da liberdade que está reservada para o momento seguinte, o momento chega, a ira triunfa.

Seja qual for a consequência do pecado, sempre será um sinal de uma natureza mais profunda o fato de o fenômeno mostrar-se numa medida adequada. Se só raras vezes ele é visto na vida, isto é, se é preciso ser um observador para vê-lo com mais frequência, é porque ele se deixa esconder, e ainda porque com frequência ele é afugentado, quando os homens se valem de uma ou outra regra de sabedoria de vida para expulsar este que é um embrião da vida suprema. Basta consultar fulano ou beltrano e logo a gente se torna como todo o mundo geralmente é, e sempre se poderá garantir algum juízo de pessoas honradas de que se é como todo o mundo. Pois o meio mais provado e aprovado para ficar livre das dúvidas do espírito consiste em – quanto antes tanto melhor – tornar-se desprovido de espírito. Desde que se atente a isso a tempo, as coisas arranjam-se por si mesmas e, no que toca às dúvidas, pode-se explicá-las simplesmente negando que existam ou, no máximo, considerando-as como ficções poéticas picantes. O caminho para a perfeição antigamente era estreito e solitário, a jornada sempre inquietada por pistas falsas, exposta à rapinagem do pecado, perseguida pela flecha do passado, tão perigosa como a das hordas dos citas; atualmente, viaja-se rumo à perfeição de trem, em boa companhia, e a gente chega lá sem nem se dar conta.

A única coisa que em verdade consegue desarmar os sofismas do arrependimento é a fé, a coragem de crer que o próprio estado é um novo pecado, a coragem de renunciar sem angústia à angústia, o que só a fé consegue, sem que, contudo, com isso elimine a angústia, mas, ela mesma sempre eternamente jovem, desvencilha-se do instante mortal da angústia. Disto só a fé é capaz, pois só na fé a síntese é possível, eternamente e a cada momento.

***

Não é difícil entender que tudo que foi desenvolvido acima pertence à Psicologia. Para a Ética, a questão toda está em deixar o indivíduo corretamente posicionado em relação ao pecado. Uma vez posto aí, fica penitenciando-se no pecado[241]. E, no mesmo instante, do ponto de vista da ideia, retorna à Dogmática. O arrependimento é a contradição suprema da Ética; em parte porque a Ética, justamente ao exigir a idealidade, tem de se contentar com o arrependimento e, em parte, porque o arrependimento torna-se dialeticamente ambíguo com referência ao que deve anular, ambiguidade essa que só a Dogmática anula na Redenção, na qual a determinação do pecado hereditário se faz nítida. Além disso, o arrependimento retarda[242] a ação, e é esta última o que a Ética propriamente exige. Por fim, o arrependimento tem então de tomar a si mesmo como objeto, na medida em que o instante do arrependimento torna-se um déficit de ação. Era, portanto, uma autêntica exclamação ética, plena de energia e coragem, quando o velho Fichte[243] dizia que não havia tempo para se arrepender. Com isso, porém, ele não levava o arrependimento ao ponto extremo dialético em que, uma vez posto, este quer anular a si próprio por meio de novo arrependimento, e em que então ele afunda junto[244].

O que foi exposto aqui neste parágrafo constitui, assim como todo o presente escrito, algo que se poderia, à maneira psicológica, denominar as posições psicológicas da liberdade diante do pecado, ou estados psicológicos, aproximativos do pecado. Não têm a pretensão de explicar o pecado eticamente.

§2 Angústia diante do bem (o demoníaco)

Em nossos dias raramente se ouve falar do demoníaco. Em geral, deixam-se de lado as narrativas específicas referentes ao demoníaco que se encontram no NT. Quando os teólogos tentam explicá-las, comprazem-se em profundas observações sobre um ou outro pecado contra a natureza, nas quais se acham exemplos de como a bestialidade chega a alcançar tanto poder sobre o homem que ela quase acaba denunciando-se em sons inarticulados ou numa mímica e olhar bestiais, quer a bestialidade tenha alcançado uma feição típica no homem (a expressão fisiognômica, cf. Lavater), quer ela, tal como um relâmpago, como um mensageiro expresso que chega e desaparece, deixe vislumbrar o que habita ali dentro, assim como um olhar ou gesto de loucura, num momento mais fugaz que o mais fugaz dos momentos parodia, escarnece, faz caretas para o homem sensato, ponderado, espirituoso, com quem se está falando. O que os teólogos observam a este respeito pode até ser bastante exato, porém o que importa aqui é a *pointe*[245]. Em geral, descreve-se o fenômeno de tal sorte que se vê claramente que aquilo de que se fala é a servidão do pecado, aquele estado que eu não consigo descrever melhor do que recordando uma brincadeira conhecida, na qual duas pessoas ocultam-se sob um manto como se se tratasse de uma só, e uma fala e a outra gesticula, ao acaso, sem conexão com as palavras; pois assim o animal introduziu-se na figura do homem e fica a caçoar do homem com suas gesticulações e seu entreato. Mas a servidão do pecado ainda não é o demoníaco. Quando o pecado é posto e o indivíduo permanece nele são possíveis duas formações, uma das quais foi descrita no parágrafo anterior. Se não se atentar para isso, não se poderá definir o demoníaco. O indivíduo está no pecado, e sua angústia se dá frente ao mal. Vista de uma perspectiva mais elevada, esta formação radica no bem, e é por isso que o indivíduo se angustia frente ao mal. A segunda formação é o demoníaco. O indivíduo está no mal e se angustia diante do bem. A escravidão do pecado é uma relação forçada com o mal, mas o demoníaco é uma relação forçada com o bem.

Por isso, o demoníaco só aparece bem nitidamente quando entra em contato com o bem que, então, vindo de fora, chega até o seu limite. Por essa razão, é digno de nota que no NT o demoníaco só chega a se mostrar quando Cristo entra em contato com ele e, quer os demônios sejam legião (Mt 8,28-34; Mc 5,1-20; Lc 8,26-39), quer o demônio seja mudo (Lc 11,14), o fenômeno é o mesmo: é angústia diante do bem, pois a angústia pode expressar-se tanto no emudecer quanto no grito. O bem significa naturalmente reintegração da liberdade, redenção, salvação ou como quer que se chame.

Nos tempos antigos falava-se frequentemente do demoníaco. O importante aqui não é que se façam ou se tenham feito estudos que viabilizem recitar de cor e citar livros eruditos e curiosos. É fácil esboçar os diversos pontos de vista que são possíveis e inclusive reais para diferentes épocas. Este esboço pode ter sua importância, uma vez que a diversidade de pontos de vista pode conduzir à definição do conceito.

Pode-se considerar o demoníaco sob um ponto de vista estético-metafísico. Neste caso, o fenômeno submete-se a categorias tais como o infortúnio, o destino, etc., podendo ser considerado como análogo à debilidade mental congênita, etc. Relacionamo-nos então com o fenômeno de um modo compadecente. Mas assim como o desejar é a mais vil de todas as artes de qualquer solista, assim também o compadecer, no sentido em que habitualmente se toma, é a mais miserável de todas as virtuosidades e habilidades sociais. A compaixão está tão longe de beneficiar o padecente, que antes nela só conservamos nosso próprio egoísmo. Não ousamos no sentido mais profundo meditar sobre tais coisas e então nos salvamos pela compaixão. Só quando o compassivo em sua compaixão se relaciona com o padecente de tal maneira que compreende no sentido mais rigoroso que é de sua causa que se trata, só quando sabe identificar-se com o que padece de tal maneira que, lutando por uma explicação, luta por si mesmo, abjurando de toda irreflexão, tibieza e covardia, só então a compaixão adquire significado[246] e só aí encontra talvez o sentido[247], pois nisso o compassivo se diferencia do que padece, que o primeiro padece de uma forma mais elevada. Quando a compaixão se conduz assim com o demoníaco, a questão já não será de proferir algumas palavras de consolo, dar uma pequena esmola ou simplesmente encolher os ombros, pois, se alguém se lamenta, então temos motivos para nos lamentar. Se o demoníaco é um destino, pode alcançar qualquer um. Isto é inegável, ainda que em nossa época de covardia faça-se todo o possível para afastar qualquer pensamento solitário, usando-se de toda sorte de distrações, de atividades anunciadas ruidosamente com a música turca, assim como nas florestas da América se mantêm afastados do acampamento os animais ferozes por meio de tochas, gritos e batidas de bacias. Daí resulta que, em nosso tempo, chega-se a saber tão pouco dos mais elevados conflitos espirituais, enquanto por outro lado sabe-se tanto mais de todos os frívolos conflitos, entre os homens e entre o homem e a mulher, que uma refinada vida de sociedade e de saraus traz consigo. Quando a verdadeira compaixão humana assumir o papel de fiadora e devedora subsidiária dos sofrimentos será necessário tirar a limpo até que ponto é destino e até que ponto é culpa. E é preciso que essa distinção seja levada a cabo com toda a paixão preocupada e ao mesmo tempo enérgica da liberdade, de sorte que se ouse mantê-la, ainda que o mundo inteiro se destroce e ainda que pareça que se causa dano irreparável com semelhante firmeza.

O demoníaco foi considerado como algo eticamente condenável. É bem conhecido com que espantoso rigor ele foi perseguido, descoberto e castigado. Em nosso tempo estremecemos ao simples relato desses fatos, ficamos sentimentais, emotivos, ante a ideia de que em nossa época esclarecida já não se age mais assim. Que seja, muito bem! Mas a compaixão sentimental merecerá tanto louvor? Não me compete julgar e condenar esse procedimento, só observá-lo. O fato de que outros tempos foram eticamente tão severos revela justamente que sua compaixão era de melhor qualidade. Identificando-se com o fenômeno, pelo pensamento, não encontravam outra explicação senão a de que se tratava de culpa. Estavam plenamente convencidos, portanto, de que, atendo-se à sua melhor possibilidade, o endemoninhado teria de acabar desejando por si mesmo que se procedesse contra ele com toda crueldade e rigor[248]. Não foi, para trazer um exemplo de uma esfera semelhante, não foi Agostinho quem recomendou o emprego do castigo e inclusive da pena de morte para os hereges? Será que ele carecia de compaixão ou será que seu procedimento não se diferencia mais provavelmente do de nossa época pelo fato de que sua compaixão não fez dele um covarde? Desta maneira, teria dito sobre si mesmo: "Se tal coisa vier a suceder comigo, queira Deus que exista uma Igreja que não me abandone, senão que use de todo o poder". Mas em nosso tempo teme-se, como Sócrates disse em algum lugar, deixar-se cortar e cauterizar pelo médico para ser curado.

Considerou-se o demoníaco sob o ponto de vista médico-terapêutico. Compreende-se: *Mit Pulver und mit Pillen*[249] – e depois também com clisteres! Juntaram-se, pois, o farmacêutico e o doutor. O paciente foi afastado para não atemorizar os outros. Em nossos bravos tempos, não se ousa dizer a um paciente que ele há de morrer, não se ousa chamar o pastor, com medo de que o paciente morra de susto, não se ousa dizer a um paciente que no mesmo dia morreu alguém com a mesma enfermidade. O paciente foi, pois, apartado, a compaixão mandou perguntar por seu estado, o médico prometeu fazer, logo que possível, um quadro com tabela e estatística para fornecer uma média. E, quando se obtém uma média, está tudo explicado. A perspectiva médico-terapêutica encara o fenômeno como algo puramente físico e somático, e faz então como os médicos frequentemente o fazem, e *in specie* um médico de um dos contos de Hoffmann: tomam uma pitada de rapé e dizem: "A situação é crítica".

A noção de que três pontos de vista tão diferentes sejam possíveis demonstra a ambiguidade do fenômeno, que pertence de algum modo a todas as esferas: à somática, à psíquica e à pneumática. Isso indica que o demoníaco tem um alcance muito maior do que se supõe habitualmente, o que se deixa explicar em razão de o homem ser uma síntese de alma e corpo mantida pelo espírito, razão pela qual a desorganização numa esfera mostra-se nas demais. Mas, só depois de atentarmos para a amplitude que o fenômeno tem, só aí talvez se mostre que vários daqueles mesmos que tratam desse fenômeno acham-se nele implicados, e que traços dele se encontram em todo homem, tão certo como todo homem é um pecador.

Mas, já que o demoníaco, com o passar do tempo, veio a significar as coisas mais diversas, e por fim avançou a ponto de significar o que quer que seja, o melhor será definir um pouco o seu conceito. A propósito, pode-se observar que já desde o início lhe assinalamos o lugar que ocupa nesta investigação. Na inocência não faz sentido falar do demoníaco. Por outro lado, há que abandonar toda representação fantástica de alguém que se vende ao mal, etc., com o que o homem se transformaria em totalmente mau. Daí provém a contradição do severo proceder daqueles velhos tempos. Supunha-se aquilo (a dominação do mal) e contudo se queria castigar. Mas o castigo mesmo não era só uma legítima defesa, mas era também para salvar (ou o indivíduo respectivo, com um castigo mais suave, ou outros envolvidos, com a pena de morte), porém, se é que se podia falar de uma salvação, o indivíduo ainda não estava inteiramente em poder do mal, e se estivesse inteiramente em seu poder seria uma contradição castigá-lo. Se se perguntar aqui até que ponto o demoníaco é um problema psicológico, deve-se responder: o demoníaco é um estado. Deste estado pode brotar continuamente cada um dos atos pecaminosos. Mas o estado é uma possibilidade, ainda que comparando com a inocência seja, é claro, uma realidade colocada pelo salto qualitativo.

O demoníaco é angústia diante do bem. Na inocência, a liberdade não estava posta como liberdade, sua possibilidade na individualidade era angústia. No demoníaco, a relação está invertida. A liberdade está posta como não liberdade; pois a liberdade está perdida. A possibilidade da liberdade é aqui de novo angústia. A diferença é absoluta, pois a possibilidade da liberdade apresenta-se aqui em relação com a não liberdade, a qual é diametralmente oposta à inocência, que é uma determinação rumo à liberdade.

O demoníaco é a não liberdade que quer encerrar-se em si mesma. Entretanto, isso é e sempre será impossível, ela sempre mantém uma relação e, mesmo se aparentemente desapareceu de todo, não deixa de estar aí, e a angústia mostra-se prontamente no instante do contato [com o bem] (cf. o que foi dito acima, com referência às narrativas do NT).

O demoníaco é o *hermeticamente fechado* e o *involuntariamente revelado*. Essas duas definições designam, aliás, a mesma coisa, pois o hermeticamente fechado é justamente o mudo e, quando deve exprimir-se, isso só pode ocorrer contra sua vontade, visto que a liberdade que reside no fundo da não liberdade, ao entrar em comunicação com a liberdade que há lá fora, revolta-se, e então assim a não liberdade trai que é o próprio indivíduo que trai a si mesmo contra sua vontade na angústia. É preciso, por isso, que se tome o hermeticamente fechado numa significação bem determinada; pois do modo como é comumente entendido pode significar a suprema liberdade. Brutus, Henrique V da Inglaterra quando príncipe, etc., eram herméticos desta maneira, até chegar o momento em que se descobriu que seu hermetismo era uma aliança com o bem. Tal fechamento hermético se identificava, por isso, com uma difusão, e jamais alguma individualidade se expandiu num sentido mais belo e mais nobre do que aquela que se encerrou no ventre de uma grande ideia. A liberdade é justamente o expansivo. No lado oposto deste significado está aquilo que quero dizer: que se pode aplicar κατ' εξοχην[250] o termo *fechado hermeticamente*[251] à não liberdade. Emprega-se comumente uma expressão mais metafísica para o mal: que ele é o negativo[252]; a expressão ética para isso é, quando se observa o efeito dele no indivíduo, justamente o hermeticamente fechado[253]. O demoníaco não se encerra em si com algo, mas se encerra em si próprio, e aí reside a profundidade na existência: que a não liberdade justamente faz de si mesma uma prisioneira. A liberdade é sempre comunicante[254] (mesmo que se queira tomar em consideração o significado religioso que há nesta palavra, mal não faz), a não liberdade torna-se cada vez mais fechada e não quer a comunicação. Este fenômeno pode ser observado em todas as esferas. Ele se mostra na hipocondria, na obsessão[255], mostra-se nas mais altas paixões, quando essas no profundo desentendimento introduzem o silêncio sistemático[256] Quando então a liberdade entra em contato com o hermetismo, este fica angustiado. Temos na linguagem cotidiana uma expressão que é extremamente ilustrativa. Diz-se de alguém: ele não quer se abrir falando[257]. O hermeticamente fechado é justamente o mudo; a linguagem, a palavra, é justamente o que salva, o que salva da abstração vazia do hermetismo. Designemos aqui o demoníaco por *x*, e ainda por *x* a relação da liberdade que vem de fora, a regra para a revelação do demoníaco será: que mesmo contra a sua vontade as palavras lhe saiam da boca. Com efeito, a comunicação reside na linguagem. Por isso, no NT, um endemoninhado diz a Cristo, quando este se acerca dele τι εμοι και σοι[258]; e prossegue dizendo que Cristo veio para atormentá-lo[259] (angústia diante do bem).

Ou um endemoninhado roga a Cristo que vá por outro caminho. (Quando a angústia é aquela diante do mal, cf. §1, o indivíduo apela à salvação.)

A vida oferece abundantes exemplos disso em todas as esferas possíveis e em todos os possíveis graus. Um criminoso empedernido nega-se a confessar (nisso reside justamente o demoníaco, que ele não queira comunicar com o bem, por meio do sofrimento da pena). Para tal caso há um método que talvez só raramente seja usado: o do silêncio e do poder do olhar. Contanto que um inquisidor possua resistência física e elasticidade de espírito para suportar sem afrouxar os músculos da face durante 16 horas seguidas, se for preciso, terá sucesso por fim, conseguindo a confissão involuntária. Não há homem com a consciência pesada que consiga suportar o silêncio. Se for colocado numa cela solitária, ficará apático. Mas este silêncio enquanto o juiz está presente, os escrivães esperando, preparados para redigir o depoimento, é a indagação mais profunda e penetrante, é a mais horrível das torturas, embora ainda lícita; o método, porém, é muito menos fácil de realizar do que se imagina. A única coisa que poderá forçar o hermético a falar é, ou um demônio superior (visto que cada diabo reina em seu tempo) ou o bem que consegue calar de modo absoluto; e, se alguma esperteza aqui quer criar-lhe constrangimento no exame do silêncio, o próprio inquisidor passará vergonha, e isso se mostrará pelo fato de que no final ele terminará por ter medo de si próprio e terá de romper o silêncio. Diametralmente oposto aos demônios inferiores e àquelas naturezas humanas cuja consciência de Deus não esteja fortemente desenvolvida, o hermetismo vence, incondicionalmente, porque os primeiros não conseguem suportar e os últimos, em toda a sua inocência, estão acostumados a viver da mão para a boca, e trazem o coração na língua. É inacreditável que poder o hermético pode adquirir sobre tais pessoas, e como terminam por suplicar e mendigar ao menos uma palavra que possa quebrar o silêncio, mas é também revoltante esmagar deste modo os fracos! Talvez se acredite que tais coisas só ocorrem entre príncipes e jesuítas e que, para se ter ideia bem nítida, seja preciso pensar em Domiciano, Cromwell, o Duque de Alba ou num Geral dos Jesuítas, que por assim dizer se transformou num apelativo para isso. De jeito nenhum, isso ocorre muito mais frequentemente. Entretanto, há que ser cauteloso no julgar esse fenômeno; porque, embora o fenômeno seja o mesmo, a razão pode ser diametralmente oposta, dado que a individualidade que exerce o despotismo e a tortura do hermetismo, talvez desejasse, ela mesma, falar, talvez mesmo esperasse um demônio superior, que pudesse provocar a revelação. Mas o carrasco do hermetismo pode também se relacionar de modo egoístico com o seu próprio hermetismo. Mas só sobre este assunto eu já poderia redigir toda uma obra, não obstante eu não tenha estado, conforme os usos e convenções dos observadores de nosso tempo, em Paris e em Londres, como se desse modo se aprendessem coisas realmente grandiosas, bem diferentes das conversas miúdas e da sabedoria dos caixeiros-viajantes. Desde que se preste bem atenção a respeito de si mesmo, cinco homens, cinco mulheres e dez crianças já serão suficientes para o observador descobrir todos os estados possíveis da alma humana. O que eu poderia ter a dizer talvez pudesse ser de alguma importância, especialmente para os que se ocupam de crianças ou têm alguma relação com elas. É de infinita importância que a criança seja educada com a noção do mutismo superior[260], e que seja libertada do equivocado. No aspecto exterior é fácil de ver quando chega a hora em que podemos ousar deixar a criança caminhar sozinha; no que se refere ao espiritual não é tão fácil. No sentido espiritual a tarefa é muito difícil, e não nos alforriamos dela contratando uma babá ou adquirindo um andador de vime. A arte reside em estar sempre presente e, contudo, não estar presente, a fim de que se permita à criança desenvolver-se por si própria, enquanto se mantém a supervisão bem clara do que acontece. A arte consiste, no seu grau mais elevado, em deixar a criança entregue a si mesma segundo o padrão maior possível, e conferir a este aparente abandono uma forma tal que sem ser percebido se esteja informado de tudo. Para isto sempre se pode arranjar tempo, mesmo que se seja funcionário do rei, basta querer. Quando a gente quer mesmo, a gente pode tudo. E o pai ou o educador que tudo fez em favor daquele que lhe foi confiado, porém não impediu que a criança se tornasse hermeticamente fechada, incorreu sem dúvida em todo caso numa pesada responsabilidade.

O demoníaco é o hermeticamente fechado, o demoníaco é a angústia diante do bem. Se o hermético for considerado x e o seu conteúdo for x, isto é, se for o mais terrível e o mais insignificante, o mais horroroso, cuja presença na vida muitos talvez nem sonhem, e a bagatela à qual ninguém dá atenção[261], o que significa então o bem enquanto x? Significa a revelação[262]. Revelação, por sua vez, pode significar o mais sublime (redenção no sentido eminente) ou o mais insignificante (o relato de uma casualidade), e isso não deve nos perturbar, a categoria é a mesma; os fenômenos possuem a característica comum de serem demoníacos, mesmo que sua diversidade de resto seja fantástica. A revelação aqui é o bem, pois a revelação já é a primeira expressão de salvação. Por isso diz um antigo ditado que, quando a gente se atreve a pronunciar a palavra, a magia do feitiço se desfaz, e por isso o sonâmbulo se acorda logo que a gente pronuncia o nome dele.

Os conflitos do hermetismo no que se refere à revelação podem, por sua vez, ser infinitamente variados, com inúmeros matizes; pois a exuberância vegetal da vida espiritual em nada perde para a da natureza e os estados espirituais são mais numerosos na variedade do que as flores. O hermetismo pode desejar a revelação, que esta deva realizar-se de fora para dentro, que lhe ocorra. (Eis um mal-entendido, visto que essa é uma relação feminina para com a liberdade que é posta na revelação, e aquela liberdade que põe a revelação. Por isso, a não liberdade bem pode permanecer, mesmo que o estado do hermético se torne mais afortunado.) Este pode querer a revelação até certo grau, porém reservando um pequeno resto, para que o hermetismo reinicie renovado. (Este é o caso dos espíritos inferiores, que não conseguem fazer nada *en gros*[263].) Ele pode querer a revelação, porém *incognito*. (Essa é a mais sutil de todas as contradições do hermetismo.) Entretanto, encontram-se exemplos disso em existências poéticas. A revelação já pode ter vencido, porém, no mesmo momento, o hermetismo arrisca a derradeira tentativa, e é bastante esperto para transformar a própria revelação em uma mistificação, e assim o hermetismo terá vencido[264].

Não ouso contudo prosseguir: como haveria de dar conta desta análise, mesmo que fosse só para apontar algebricamente, para nem falar de descrições, se eu quisesse quebrar o silêncio do hermetismo com vistas a tornar audíveis os seus monólogos? Pois o monólogo é justamente a sua maneira de expressão, e por isso se diz, quando se quer caracterizar um hermético, que ele conversa consigo mesmo. Mas aqui eu me esforço para conferir "allem einen Sinn, aber keine Zunge"[265], tal como o hermético Hamlet exorta os seus dois amigos a fazer.

Entretanto, quero indicar uma colisão cuja contradição é terrível, como o próprio hermetismo o é. O que o hermético oculta sob o seu hermetismo pode ser tão terrível que ele nem se atreva a enunciar, nem mesmo para si próprio, porque lhe pareceria que, enunciando-o, cometeria novo pecado, ou seria outra vez tentado. Para que este fenômeno ocorra é preciso que haja no indivíduo uma mistura de pureza e de impureza que raramente acontece. O mais provável é que isso se desse quando o indivíduo, ao realizar o terrível, não fosse senhor de si mesmo. Assim, pode um homem ter cometido, em estado de embriaguez, algo de que só se lembra de modo obscuro, mas de qualquer modo sabe que a coisa foi tão selvagem que lhe seria quase impossível reconhecer-se a si mesmo. O mesmo pode também ocorrer com uma pessoa que já foi doente mental, e manteve uma recordação de seu estado anterior. O que decide se o fenômeno é demoníaco é a postura do indivíduo diante da revelação: se ele quer impregnar de liberdade aquele fato, assumi-lo em liberdade. Toda vez que não o queira, o fenômeno será demoníaco. É preciso conservar isso nítido, pois mesmo aquele que quer revelar-se é, contudo, essencialmente demoníaco. Com efeito, ele tem duas vontades: uma subordinada, impotente, a que quer a revelação, e outra mais poderosa, que quer o hermetismo; mas o fato de esta última ser a mais forte mostra que ele é essencialmente demoníaco.

O hermético é a revelação involuntária. Quanto mais fraca, originalmente, é a individualidade, ou na proporção em que a sua elasticidade se gastou no serviço do hermetismo, tanto mais rápido o segredo termina por escapar a um homem. O mais insignificante contato, um olhar que se cruza, etc., bastam para deflagrar aquela coisa terrível ou, conforme o conteúdo do hermetismo, aquela cômica ventriloquia. A ventriloquia pode ser, ela mesma, diretamente anunciativa ou indireta, tal como quando um louco trai a sua loucura ao apontar para outra pessoa e dizer: "Ela me é extremamente desagradável, ela deve ser louca!" A revelação pode anunciar-se pelas palavras com as quais o infeliz acaba por infligir a cada qual o seu oculto segredo. Ela pode anunciar-se no semblante, no olhar; pois há olhares nos quais uma pessoa involuntariamente revela o oculto. Há um olhar acusador, que revela o que quase se tem medo de entender, há um olhar contrito, suplicante, que não tenta exatamente a curiosidade a espiar o que há nesse telegrama involuntário. De acordo com o conteúdo do hermetismo, quase tudo isso pode ser cômico; assim nos casos em que se revelam, na angústia do involuntário, coisas ridículas, mesquinharias, vaidades, infantilidades, expressões de inveja mesquinha, loucurinhas descritas pelos médicos, etc.

O demoníaco é o súbito. O súbito constitui uma nova expressão de um outro aspecto do hermético. O demoníaco se define como o hermético quando se reflete sobre o conteúdo, e se define como o súbito quando se reflete sobre o tempo. O hermético era o efeito de uma autorrelação negativa na individualidade. O fechamento hermético cerrava-se sempre mais contrapondo-se à comunicação. Mas a comunicação é, por sua vez, a expressão da continuidade, e a negação da continuidade é o súbito. Poder-se-ia crer que o hermetismo tivesse uma extraordinária continuidade, porém o que se dá é exatamente o contrário, embora em comparação com a frouxa e insípida dispersão do eu[266], absorvida constantemente pela impressão, tenha uma aparência de continuidade. A continuidade que o hermetismo possui deixa-se comparar melhor à vertigem que deve ter um pião que rodeia incessantemente sobre sua ponta. Se o hermetismo não levar as coisas até a rematada loucura, que é o *perpetuum mobile* de uma triste monotonia[267], aí a individualidade conservará afinal uma certa continuidade com o restante da vida humana. Em relação com esta continuidade, aquela continuidade aparente do hermetismo mostrar-se-á exatamente como o súbito. Num dado momento está ali, no seguinte foi embora, e, assim como sumiu, ei-lo aí outra vez todo inteiro e completo. Ele não se deixa introduzir nem elaborar em nenhuma continuidade, mas isso que se exprime deste modo é exatamente o súbito.

Ora, se o demoníaco fosse algo de somático, jamais seria o súbito. Quando a febre, a demência, etc., retornam, descobre-se decerto ao final uma lei para isso e esta lei anula[268], até certo ponto, o súbito. Mas o súbito desconhece qualquer lei. Não se encontra entre os fenômenos naturais, mas é um fenômeno psíquico, é uma expressão da não liberdade.

O súbito, como demoníaco, é angústia diante do bem. O bem significa aqui a continuidade, pois a primeira expressão da salvação é a continuidade. Enquanto a vida da individualidade transcorre até certo grau em continuidade com a vida, o hermetismo mantém-se nela como um abracadabra da continuidade que só se comunica consigo mesmo e por isso constantemente é como o súbito.

Em relação ao conteúdo do hermetismo, o súbito pode significar o terrível, mas o efeito do súbito também pode mostrar-se cômico ao observador. Neste sentido cada individualidade tem um pouco deste súbito, do mesmo modo como cada individualidade tem um pouco de uma ideia fixa.

Não pretendo desenvolver mais este ponto; apenas, para reforçar minha categoria, quero recordar que o súbito possui sempre sua razão na angústia diante do bem, porque há algo que a liberdade não quer penetrar. Nas formações radicadas na angústia diante do mal, ao súbito corresponderá a fraqueza.

Se quisermos visualizar de outro modo como o demoníaco é o súbito, poderemos considerar a questão numa perspectiva puramente estética, que é a maneira como o demoníaco se deixa representar melhor. Se quisermos representar um Mefistófeles, podemos muito bem provê-lo de réplicas se priorizarmos utilizá-lo como uma força atuante na ação dramática, mais do que captar o seu caráter. Em tal caso, Mefistófeles não vem a ser apresentado a rigor como ele mesmo, mas volatilizado como um cérebro de intrigante, maleficamente engenhoso. Isto constitui, porém, uma volatilização, em contraste com a qual uma lenda popular já havia percebido o que é correto. Esta lenda conta como o diabo ficou três mil anos sentado especulando um modo de provocar a queda do homem, até que finalmente o encontrou. Aqui, a ênfase se coloca sobre os três mil anos, e a representação que esse número evoca é justamente a do hermetismo do demoníaco, incubando. Se então não quisermos volatilizar Mefistófeles do modo mencionado, teremos de escolher outra maneira de o representar. Aí se mostrará que Mefistófeles é essencialmente mímico[269]. Nem as palavras mais terríveis que emergem do abismo da maldade são capazes de produzir o efeito igual ao da *subitaneidade* do salto, que se encontra no âmbito do mímico. Por terrível que seja a palavra, ainda que se trate de um Shakespeare, um Byron ou um Shelley a quebrarem o silêncio, a palavra conserva sempre o seu poder libertador; pois mesmo todo desespero, todo terror do mal reunidos numa só palavra, jamais será tão terrível como o silêncio o é. Ora, o mímico pode expressar a *subitaneidade* sem que por isso seja o próprio mímico o súbito. A tal respeito, o mestre de balé Bournonville tem grande mérito na interpretação que ele mesmo deu de Mefistófeles. O *horreur* toma conta de nós ao vermos Mefistófeles entrar saltando pela janela e deter-se na postura do salto! Tal ímpeto no salto, que lembra o atirar-se da ave de rapina ou da fera, que apavora em dobro porque em geral irrompe a partir da completa imobilidade, causa um efeito infinito. Por isso, Mefistófeles deve caminhar o mínimo possível; pois a marcha mesmo é uma transição para o salto, tem em si uma possibilidade pressentida de salto. No balé do "Fausto", a primeira aparição de Mefistófeles não é, pois, um golpe teatral, porém um pensamento bastante profundo. A palavra e o discurso, por mais curtos que sejam, possuem sempre uma certa continuidade, bem *in abstracto,* porque ressoam no tempo. Mas o súbito é a completa abstração da continuidade, do antecedente e do consequente. Assim se dá com Mefistófeles. Ainda não o vimos e ele já está ali, ele próprio, em carne e osso, nada podendo exprimir com mais força esta rapidez do que o fato de que ele está ali por um salto. Se o salto se torna marcha, o efeito se enfraquece. Figurando então assim Mefistófeles, a aparição produz o efeito do demoníaco, que aparece mais súbito do que o ladrão noturno, pois a este representamos de preferência deslizando, na ponta dos pés. Ao mesmo tempo, porém, Mefistófeles revela a sua própria essência que, justamente enquanto demoníaca, é o súbito. Assim é o demoníaco o súbito no movimento para frente, assim ele medra no homem, assim é ele mesmo, na medida que é demoníaco, quer o demoníaco o tenha possuído inteiramente e o domine, quer esteja presente apenas numa parte infinitamente pequena dele. O demoníaco é sempre assim, e desse modo a não liberdade redunda na angústia, e é assim que sua angústia se movimenta. Daí a tendência do demoníaco para o mímico, não no sentido do belo, mas no significado do súbito, do abrupto, algo que a vida com frequência dá oportunidade de observar.

O demoníaco é o sem conteúdo, o enfadonho. Dado que eu, ao falar do súbito, chamei a atenção para o problema estético de como o demoníaco se deixa apresentar, quero, para esclarecer o que ficou exposto, destacar de novo a mesma questão. Sempre que se der a palavra a um demônio e se desejar figurá-lo, o artista encarregado de tal tarefa precisará ter clareza quanto às categorias. Ele sabe que o demoníaco é essencialmente mímico; o súbito, entretanto, ele não consegue alcançar, pois a réplica o impede. Não deverá trapacear, como se, atropelando as palavras, etc., conseguisse produzir algum efeito verdadeiro. Portanto, ele escolhe com razão exatamente o oposto: o enfadonho. A continuidade que corresponde ao súbito é aquilo que poderíamos chamar *Udøethed* "não chegar a morrer"[270]. O enfado, o não chegar a morrer é, com efeito, uma continuidade no nada. Pode-se agora entender de maneira um pouco diferente a cronologia daquela saga popular. Os três mil anos não são mais enfatizados a fim de realçar o súbito, mas este imenso espaço de tempo[271] evoca a representação do horrível vazio e da ausência de conteúdo do mal. A liberdade mantém-se calma na continuidade, o seu oposto é o súbito, mas também o é a calmaria que se impõe à mente quando se vê uma pessoa que dá a impressão de estar morta e enterrada há muito tempo. Um artista que compreendesse isso veria também que, ao achar a maneira de figurar o demoníaco, teria achado também uma expressão para o cômico. Pode-se conseguir um efeito cômico pelo mesmíssimo modo. Realmente, quando se excluem todas as determinações éticas do mal e só se utilizam as determinações metafísicas do vazio, tem-se o trivial, do qual com facilidade se extrai um aspecto cômico[272].

O sem conteúdo, o tedioso, designa, por sua vez, o hermeticamente fechado. Em relação ao súbito, a determinação do hermético refletia sobre o conteúdo[273]. Quando agora eu incluo a determinação do sem conteúdo, do tedioso, essa reflete então sobre o conteúdo material enquanto a do hermético se refere à forma que corresponde a esse conteúdo. Desse modo conclui-se toda essa determinação conceitual; pois a forma do sem conteúdo é justamente o hermetismo. Recorde-se constantemente que, de acordo com minha terminologia, não é possível encerrar-se hermeticamente nem em Deus nem no bem; dado que este específico encerrar-se[274] significaria justamente a expansão máxima. Assim sendo, quanto mais rigorosamente desenvolvida for a consciência no homem, mais aberto ele estará, mesmo que, de resto, se isole do mundo todo.

Se eu quisesse agora recordar as terminologias filosóficas mais recentes, poderia afirmar que o demoníaco é o negativo e é o nada, do mesmo modo que o são as sílfides, as quais, vistas de costas, são ocas. Entretanto, não gostaria de fazê-lo, porque essa terminologia ficou tão amável e flexível no contato e pelo contato com as outras que pode significar qualquer coisa. O negativo, se eu fosse utilizar tal palavra, significaria a forma do nada, assim como o sem conteúdo equivaleria ao hermético. Contudo, o negativo tem o defeito de ser mais definido para o exterior, determina a relação com o outro, que ele nega, enquanto que o encerramento hermético define exatamente o estado.

Se se tomar o negativo desse modo, então não terei nada contra a que sirva para designar o demoníaco, contanto que o negativo consiga ir tirando da cabeça todos os grilos que a filosofia mais recente lhe inculcou. O negativo acabou transformando-se numa figura de *vaudeville*, e essa palavra sempre me faz sorrir, assim como se sorri quando se encontra na existência ou nas canções de Bellmann, por exemplo, uma daquelas silhuetas divertidas que já foi trombeteiro, depois auxiliar de fiscal da alfândega, dono de boteco, depois de novo carteiro, etc. A própria ironia já foi definida desse modo como sendo o negativo. O primeiro inventor desta explicação foi Hegel, o qual, por estranho que pareça, não entendia muito de ironia. Que tenha sido Sócrates quem introduziu a ironia no mundo e deu o nome a essa criança, que sua ironia fosse justamente esse fechamento hermético que principiava por isolar-se contra os homens e encerrar-se em si próprio e consigo próprio para se deixar expandir no divino, principiava por fechar sua porta e fazer de bobo quem ficasse parado do lado de fora, para falar em segredo – com tais coisas ninguém se preocupa. Por ocasião desse ou daquele fenômeno casual, trazem à baila esta palavra, e é isto então a ironia. Depois seguem os papagaios, os quais, apesar de suas visões históricas panorâmicas, que infelizmente carecem de toda contemplação, conhecem tanto sobre os conceitos como a respeito das passas de uvas aquele nobre rapazinho, candidato a auxiliar de verdureiro, que, quando lhe perguntaram no exame de onde elas procediam, retrucou: As nossas nós pegamos lá no "Professor", na *Tvergade*[275].

Retornemos agora à determinação de que o demoníaco é angústia diante do que é bom. Se a não liberdade fosse totalmente capaz de encerrar-se e hipostasiar-se, e se por outro lado não o quisesse constantemente[276] (onde reside a contradição de que a não liberdade queira algo, uma vez que ela justamente já perdeu o querer), aí o demoníaco não seria angústia diante do bem. A angústia se mostra por isso também da maneira mais clara no instante do contato. Quer o demoníaco na individualidade singular signifique o terrível, quer isso apenas se apresente como uma mancha no sol, quer como o pontinho branco num calo, o demoníaco total e o demoníaco parcial têm a mesma qualificação, e a parcela minúscula é angústia do bem, no mesmo sentido como o que se apodera totalmente dela. A escravidão do pecado decerto também é não liberdade, mas a sua direção é, como já foi explicado, uma outra, sua angústia encara o mal. Se isso não for mantido, não se conseguirá explicar pura e simplesmente nada.

A não liberdade, o demoníaco é, pois, um estado. É assim que a Psicologia o vê. Ao contrário, a Ética observa como a partir dela constantemente irrompe o novo pecado, pois somente o bem é unidade de estado e movimento.

A liberdade, entretanto, pode ser perdida de diferentes maneiras, e assim também o demoníaco ser diferente. Essa diferença quero agora considerar sob as seguintes rubricas: a liberdade perdida somático-psiquicamente e a liberdade perdida pneumaticamente. O leitor, pelo que foi exposto até aqui, já deve estar familiarizado com o jeito amplamente abrangente como eu tomo o conceito do demoníaco; contudo, bem entendido, não mais abrangente do que o conceito o permite. Não adianta tornar o demoníaco um monstro, que leva a gente a estremecer de horror, para em seguida ignorá-lo, dado que já fazem tantos séculos desde que foi visto no mundo. Esta hipótese é uma grande tolice; pois talvez jamais ele tenha estado tão espalhado quanto em nossos tempos, só que hoje em dia mostra-se especialmente nas esferas espirituais.

I *A liberdade perdida somático-psiquicamente*

Não é minha intenção fazer ostentação aqui de uma pomposa ponderação filosófica a respeito da relação entre alma e corpo; em que sentido a própria alma produz seu corpo (isto entendido em grego ou em alemão); em que sentido a liberdade, por um ato de corporização, para recordarmos uma expressão de Schelling, estabelece ela mesma o seu corpo. Todas essas coisas não são necessárias aqui; para o meu uso, posso expressar-me de acordo com a modesta ocasião, dizendo que o corpo é órgão da alma e assim, por sua vez, órgão do espírito. Sempre que cessa essa relação coadjuvante, sempre que o corpo se revolta, sempre que a liberdade conspira junto com ele contra si mesma, a não liberdade se apresenta como o demoníaco. Caso alguém ainda não tenha captado com acuidade a diferença entre o que é examinado neste parágrafo e o que foi examinado no anterior, vou mostrá-lo outra vez. Enquanto a própria liberdade não passar para o partido da rebelião, a angústia da revolução estará decerto presente, porém como angústia diante do mal, não como angústia diante do bem.

Facilmente se verá então que multiplicidade de incontáveis nuances o demoníaco inclui nessa esfera, várias das quais são tão ínfimas que só se mostram à observação microscópica, e algumas tão dialéticas que é preciso ter grande flexibilidade no uso de suas categorias para perceber que as nuances nela se enquadram. Uma sensibilidade exaltada, uma irritabilidade demasiado tensa, nervos afetados, histeria, hipocondria, etc., são todas nuances disso, ou poderiam sê-lo. É o que torna tão difícil discorrer a respeito *in abstracto,* pois o discurso fica completamente algébrico. Entretanto, mais do que isso não posso fazer aqui.

O caso mais extremo nessa esfera é o que geralmente se chama também: a perdição bestial. O demoníaco neste estado se mostra no fato de que ele, tal como aquele demoníaco do NT, diz, com referência à salvação: τί εμοι και σοι[277]. Ele evita por isso todo e qualquer contato, seja que este então de fato o ameace ao querer auxiliá-lo para a liberdade, seja que o contou de maneira totalmente casual. Mas isso também já basta; pois a angústia é extraordinariamente rápida. É muito comum ouvir-se por isso uma réplica de um tal demoníaco, que encerra todo o horror deste estado: "Deixa-me em paz na miséria em que estou", ou então quando se ouve um tipo assim dizer, ao falar de um determinado momento de sua vida pretérita: "Daquela vez talvez eu pudesse ter sido salvo" – a mais terrível réplica que se possa imaginar. Nenhum castigo, nenhum discurso tonitruante o angustia, mas sim, ao contrário, qualquer palavra que o queira pôr em relação com a liberdade que se afundou na não liberdade[278]. Também de um outro modo a angústia se expressa nesse fenômeno. Encontra-se entre tais demoníacos uma tal coesão, em que se agarram uns aos outros tão ansiosa e indissoluvelmente, a que nenhuma amizade se iguala em interioridade. O médico francês Duchatelet apresenta exemplos disso em sua obra. E a socialidade desta angústia[279] também se mostrará por toda parte nesta esfera. A socialidade, tão só, já contém uma certeza de que o demoníaco está presente, pois à medida que achamos seu estado análogo como uma expressão da escravidão do pecado, a socialidade não se mostra, porque a angústia é aquela diante do mal.

Não desejo perseguir mais longe este tema. O principal para mim aqui é apenas ter o meu esquema em ordem.

II A liberdade perdida pneumaticamente

a) Observações gerais. Esta formação do demoníaco está bastante espalhada, e aqui nos deparamos com os mais diversos fenômenos. O demoníaco não depende, naturalmente, do *intellectuelle Gehalt* "conteúdo intelectual" diferenciado, mas da relação da liberdade para com o conteúdo dado[280] e para com o conteúdo possível em relação à intelectualidade, podendo o demoníaco expressar-se como comodidade que quer pensar mais um pouquinho; como curiosidade que nunca chega a ser mais do que busca de novidades; como autoengano desonesto; como moleza feminina que se confia aos outros; como um nobre ignorar; como estúpida azáfama, etc.

O conteúdo da liberdade, numa perspectiva intelectual, é verdade, e a verdade torna o ser humano livre. Mas justamente por isso a verdade é a obra da liberdade, de modo que esta constantemente engendra a verdade. É óbvio que aqui não estou pensando no achado espirituoso da filosofia mais recente, que sabe que a necessidade do pensamento também é sua liberdade, e que, por isso, quando fala em liberdade do pensamento, fala apenas do movimento imanente do pensamento eterno. Tal tirada espirituosa serve apenas para confundir e dificultar a comunicação entre os homens. O que eu comento, por outro lado, é algo de bem simples e singelo: que a verdade só existe para o indivíduo[281] à medida que ele próprio a produz na ação. Se a verdade está de algum outro modo para o indivíduo[282], e é impedida por ele de estar deste modo para ele, temos aí um fenômeno do demoníaco. A verdade sempre teve muitos que a proclamaram em altos brados, mas a questão é saber se um homem quer, no sentido mais profundo, conhecer a verdade, quer deixá-la permear todo o seu ser, assumir todas as suas consequências, e não ter um esconderijo para si, em caso de necessidade, e "um beijo de Judas" para as consequências.

Nos nossos tempos recentes tem-se falado bastante a respeito da verdade; agora já está na hora de se insistir na certeza, isto é, na interioridade, não no sentido abstrato em que Fichte usa este termo, mas de um modo bem concreto.

A certeza, a interioridade, que só se alcança pela e só existe na ação, determina se o indivíduo é ou não é demoníaco. É só manter firme a categoria que tudo se resolverá, e se tornará claro, por exemplo, que arbitrariedade, descrença, escárnio à religião, etc., não carecem, como se acredita geralmente, de conteúdo (de verdade), mas carecem de certeza, bem no mesmo sentido como crendice, subserviência, beatice[283]. Os fenômenos negativos carecem justamente da certeza, porque eles residem na angústia diante do conteúdo.

Não é do meu gosto proferir grandes palavras sobre nossa época como um todo, mas aquele que já observou a geração que vive hoje não iria querer negar que a desarmonia que há nela e a razão para a sua angústia e inquietude consistem em que numa direção cresce a verdade em abrangência, em massa, em parte também em clareza abstrata, enquanto que a certeza interior constantemente diminui. Que extraordinários esforços metafísicos e lógicos não foram feitos em nosso tempo para conseguir uma demonstração nova, exaustiva, absolutamente correta, combinando todas as demonstrações anteriores, da imortalidade da alma, e, é bem estranho, enquanto isso acontece, a certeza interior diminui. A ideia da imortalidade contém em si um poder, uma energia em suas consequências, uma responsabilidade quando admitida, que talvez venha a transformar toda a vida, de um modo que se teme. Então o que se faz é salvar e tranquilizar a alma forçando-se o pensamento para produzir uma nova prova. O que é uma tal prova senão uma boa obra no sentido puramente católico! Qualquer individualidade deste tipo que, para ficarmos no exemplo, saiba levar a efeito a demonstração da imortalidade da alma, mas não esteja convencida ela mesma, há de sempre experimentar a angústia diante de qualquer fenômeno que queira tocá-la de tal modo que a force à compreensão mais extrema do que significa dizer que um ser humano é imortal. Isso a perturbará, ela se sentirá desconfortavelmente tocada quando alguma pessoa bem singela falar de maneira bem singela sobre a imortalidade. – A interioridade pode faltar também no sentido contrário. Um adepto da mais rígida ortodoxia pode ser demoníaco. Ele conhece tudo e mais um pouco, faz mesuras diante do sagrado, para ele a verdade consiste no conjunto de todas as cerimônias, ele fala de se encontrar diante do trono de Deus e sabe quantas vezes se deve inclinar a cabeça, ele sabe tudo do mesmo jeito como aquele que é capaz de demonstrar uma proposição matemática, quando se empregam as letras A, B e C, mas não quando se colocam D, E e F. Por isso se angustia cada vez que ouve algo que não seja literalmente igual. E, no entanto, como não se assemelha a um moderno especulador que, tendo inventado uma nova demonstração para a imortalidade da alma, de repente se encontra em perigo de vida, incapaz de desenvolver a prova porque não trouxe consigo os seus cadernos. E o que é que falta a ambos? É a certeza. – Crendice e descrença são, ambas, formas de não liberdade. Na crendice, concede-se à objetividade um poder, igual ao da cabeça de Medusa, de petrificar a subjetividade, e a não liberdade impede que o feitiço se dissolva. A expressão mais alta e aparentemente mais livre da descrença é a zombaria. Mas a zombaria carece justamente da certeza, e por isso é que ela zomba. E quantas existências de zombadores, se se pudesse perscrutá-las corretamente, não lembrariam aquela angústia, com que o demoníaco grita τί εμοι και σοι. Por isso, é um fenômeno notável que talvez haja poucas pessoas tão vaidosas e tão suscetíveis ao aplauso do instante como um zombador.

Com que zelo industrioso, com quanto sacrifício de tempo, de aplicação, de material de escrita não trabalharam os especuladores em nosso tempo, para conseguir desenvolver uma prova completa da existência de Deus! No mesmo grau, porém, em que cresce a excelência da prova, no mesmo grau parece decrescer a certeza. A ideia de uma existência de Deus tem, logo que é colocada como tal para a liberdade do indivíduo, uma onipresença que, mesmo que não se queira agir mal, para a individualidade delicada tem alguma coisa de constrangedora. E realmente é preciso interioridade para viver com essa noção num convívio belo e íntimo, que constitui uma obra de arte ainda maior do que ser um esposo modelo. Quão desconfortavelmente não pode por isso uma tal individualidade sentir-se tocada, quando ouvir a fala bem simples e singela que diz que existe um Deus. A demonstração da existência de Deus é algo com que a gente só se ocupa ocasionalmente, de modo erudito e no âmbito metafísico, mas a ideia de Deus se imporá em qualquer ocasião. O que é então que falta a uma tal individualidade? A interioridade. – Na direção oposta também pode faltar a interioridade. Os assim chamados beatos costumam ser muitas vezes objeto de zombaria do mundo. Eles mesmos explicam isso dizendo que o mundo é mau. Entretanto, isto não é totalmente verdadeiro. Quando o "beato" não é livre em relação à sua devoção, isto é, carece de interioridade, então, visto de maneira puramente estética, ele é cômico. Até aí o mundo tem razão ao rir dele. Se um homem de pernas tortas quisesse apresentar-se como mestre de dança, sem estar em condições de executar um único passo, então seria cômico. Do mesmo modo também na esfera do religioso. Ouve-se um tal beato contar baixinho, por assim dizer, bem igual a alguém que não sabe dançar, porém sabe o suficiente para conseguir marcar o ritmo, embora ele mesmo nunca tenha a sorte de se manter no ritmo. Assim o "beato" sabe que o elemento religioso é absolutamente comensurável, que o religioso não é algo que só pertence a certas ocasiões e momentos, mas que se pode tê-lo sempre consigo. Mas, quando deve então torná-lo comensurável, não é livre, e percebe-se como ele conta bem baixinho, e se vê como, apesar disso, chega errado e faz má figura com seu olhar celestial, suas mãos cruzadas em oração, etc. Por isso, tal individualidade angustia-se tanto diante de qualquer um que não tenha este treinamento, que para se reconfortar precisa agarrar-se a essas grandiosas observações, de que o mundo odeia o sujeito piedoso.

A certeza e a interioridade são, pois, decerto, a subjetividade, mas não num sentido completamente abstrato. A infelicidade mesmo do saber mais recente consiste em que tudo se tornou terrivelmente grandioso. A subjetividade abstrata é exatamente tão incerta e é tão carente de interioridade quanto a objetividade abstrata. Quando se fala *in abstracto,* não se consegue ver isso tão bem, e nesse caso é correto dizer que a subjetividade abstrata carece de conteúdo. Quando se fala *in concreto* sobre o assunto, isto se mostra nitidamente, pois a individualidade que quer transformar-se numa abstração carece justamente de interioridade, do mesmo modo como a individualidade que se reduz a um mero mestre de cerimônias.

b) Esquema para a exclusão ou a ausência da interioridade. A ausência da interioridade é sempre uma determinação de reflexão, por isso qualquer forma constituirá uma forma dupla. Já que se está habituado a falar de modo completamente abstrato sobre as determinações do espírito, então talvez se esteja menos inclinado a percebê-lo. Costuma-se contrapor diretamente a imediatidade à reflexão (à interioridade) para depois pôr a síntese (ou substancialidade, subjetividade, identidade, como quer que se denomine essa identidade: razão, ideia, espírito). Mas na esfera da realidade as coisas não são assim. Aí a imediatidade é também a imediatidade da interioridade. A ausência da interioridade situa-se por isso primeiramente na reflexão.

Toda e qualquer forma de ausência de interioridade é então atividade-passividade ou passividade-atividade, e quer ela seja uma ou outra, situa-se na autorreflexão. A própria forma percorre uma significativa sequência de nuances conforme a determinação da interioridade se torne cada vez mais concreta. Compreender e compreender são duas coisas diferentes, é o que se fala num velho ditado, e de fato é bem assim. A interioridade é um compreender, mas *in concreto* o importante é saber como se deve compreender este compreender. Compreender um discurso é uma coisa, compreender a função dêitica que há nele, é uma outra coisa; compreender o que se diz, é uma coisa, compreender a si mesmo no que foi dito, é uma outra coisa. Quanto mais concreto for o conteúdo da consciência, tanto mais concreta ficará a compreensão, e, quando esta faltar na relação com a consciência, teremos um fenômeno da não liberdade que se quer encerrar em si mesma contra a liberdade. Se se tomar desse modo uma consciência religiosa mais concreta, que também contém um momento histórico, aí a compreensão terá de estar em relação com esse. Pode-se, pois, aqui colher um exemplo das duas formas análogas do demoníaco neste sentido.

Assim, quando um ortodoxo rígido emprega toda a sua aplicação e erudição para provar que cada uma das palavras do NT provém do respectivo apóstolo, pouco a pouco a interioridade desaparece, e acaba afinal por compreender algo de bem diferente do que ele quer compreender. Quando um livre-pensador emprega toda a sua acribia para provar que o NT só foi escrito no segundo século, é justamente a interioridade o que ele teme, e por isso ele precisa classificar o NT no mesmo nível de todos os outros livros[284]. O conteúdo mais concreto que a consciência pode ter é a consciência de si, do próprio indivíduo, não a autoconsciência pura, mas a autoconsciência que é tão concreta que nenhum autor, nem o de vocabulário mais rico, nem o mais hábil nas descrições, jamais conseguiu descrever um único tipo desses, enquanto que cada um dos homens é um deles. Esta autoconsciência não é contemplação, pois quem acredita nisso ainda não compreendeu a si mesmo, já que vê que ele próprio ao mesmo tempo está em devir, e portanto não pode ser algo de concluso para a contemplação. Esta autoconsciência é, portanto, ato, e este ato é de novo interioridade, e a cada vez que a interioridade não corresponde a essa consciência, ocorre uma forma do demoníaco, logo que a ausência da interioridade se expresse como angústia ante sua aquisição.

Se a ausência da interioridade resulta de um comportamento mecânico[285], então é tempo perdido qualquer discurso a respeito. Não é este, de jeito nenhum, o caso, e por isso há em cada fenômeno deles uma atividade, mesmo se esta começar por uma passividade. Os fenômenos que começam com a atividade são mais fáceis de visualisar, por isso são concebidos mais facilmente, e a gente se esquece então de que nesta atividade aparece novamente uma passividade, e nunca se toma conjuntamente o fenômeno oposto, quando se fala do demoníaco.

Quero agora examinar alguns exemplos a fim de mostrar que o esquema está correto.

Descrença – Crendice. Elas se correspondem plenamente, ambas carecem da interioridade, só que descrença é passiva por meio de uma atividade, e crendice é ativa por meio de uma passividade; a primeira é, se quisermos, a formação mais masculina, a segunda, a mais feminina, e o conteúdo de ambas as formações consiste em autorreflexão. No essencial, são completamente idênticas. Descrença e crendice são ambas angústia diante da fé, porém a descrença inicia na atividade da não liberdade, enquanto a crendice inicia na passividade da não liberdade. Geralmente só se considera a passividade da crendice, e até aí ela parece menos nobre ou mais desculpável, conforme se usem categorias estético-éticas ou éticas. Há na crendice uma fraqueza que encanta e, contudo, é necessário sempre que permaneça nela tanta atividade que ela possa conservar sua passividade. A crendice é descrente de si própria, a descrença é crédula sobre si mesma. O conteúdo de ambas é autorreflexão. O comodismo, a covardia, a pusilanimidade da crendice, preferem permanecer nela em vez de desistir dela; a obstinação, o orgulho, a arrogância da descrença, acham mais ousado ficar nela do que renunciar a ela. A forma mais refinada de tal autorreflexão é sempre aquela que se torna interessante para si mesma, desejando ultrapassar o seu estado, enquanto nele persiste com satisfação complacente.

Hipocrisia – Escândalo. Essas se correspondem mutuamente. A hipocrisia principia por uma atividade, o escândalo por uma passividade. Em geral, o escândalo é julgado com mais brandura, mas, se o indivíduo permanece nele, tem de haver aí afinal tanta atividade que insiste no sofrimento do escândalo e não quer largá-lo. Há no escândalo uma receptividade (pois uma árvore e uma pedra não se deixam escandalizar), que é preciso levar em consideração na superação do escândalo. Contudo, a passividade do escândalo julga mais cômodo sentar calmamente e deixar a consequência do escândalo acumular, por assim dizer, juros e juro de juros. Por isso, hipocrisia é escândalo consigo mesmo e escândalo é hipocrisia em relação a si mesmo. Ambos carecem de interioridade e não ousam enfrentar-se a si mesmos. Por isso, toda hipocrisia termina por se tornar hipócrita consigo mesma, porque o hipócrita aí se escandaliza consigo mesmo ou se torna um escândalo para si mesmo. Por isso, todo escândalo, quando não ultrapassado, termina por se tornar hipocrisia com os outros, visto que o escandalizado, por meio da atividade profunda com que permanece no escândalo, fez daquela receptividade uma coisa diferente, e por isso agora tem de fingir diante dos outros. A vida oferece também casos de individualidades escandalizadas que terminam por usar o seu escândalo como uma folha de figueira para ocultar coisas que decerto precisam muito de uma capa de hipocrisia.

Orgulho – Covardia. Orgulho começa por uma atividade, covardia por uma passividade; de resto, são idênticos, pois há na covardia exatamente tanta atividade que a angústia diante do bem consegue se manter. O orgulho é uma profunda covardia, pois ele é bastante covarde para não querer compreender o que verdadeiramente orgulha; logo que esta compreensão lhe é imposta, ele se acovarda, dilui-se como um estampido, e explode como uma bolha. A covardia é um profundo orgulho, pois é bastante covarde para não querer compreender nem mesmo as exigências do orgulho mal compreendido, porém, encolhendo-se deste modo sobre si mesma, mostra justamente o seu orgulho, e sabe também avaliar o fato de jamais ter sofrido qualquer derrota, e está por isso orgulhosa da expressão negativa do orgulho: não ter nunca sofrido alguma perda. A vida oferece também casos de uma individualidade muito orgulhosa, bastante covarde para jamais ousar coisa alguma, bastante covarde para ser o menos possível, a fim de salvar seu orgulho. Se se quisesse reunir uma individualidade ativamente orgulhosa e uma passivamente orgulhosa, poder-se-ia então ter oportunidade, no instante da derrota da primeira, de se convencer de quão orgulhoso era no fundo o covarde[286].

c) O que é certeza e interioridade? Dar uma definição neste caso não é, por certo, fácil. Entretanto, eu quero afirmar: é seriedade. Qualquer um entende esta palavra, mas, por outro lado, é bastante estranho que não haja muitas palavras que mais raramente tenham sido objeto de consideração do que justamente esta. Após ter matado o rei, Macbeth exclama:

> *Von jetzt giebt es nichts Ernstes mehr im Leben:*
> *Alles ist Tand, gestorben Ruhm und Gnade!*
> *Der Lebenswein ist ausgeschenkt[287].*

Macbeth era então, certamente, um assassino, e por isso as palavras assumem, em sua boca, uma verdade terrivelmente chocante, mas qualquer individualidade que tenha perdido sua interioridade poderá, afinal, dizer do mesmo modo: *der Lebenswein ist augeschenkt,* e talvez dizer também: *Jetzt giebt es nichts Ernstes mehr im Leben. Alles ist Tand,* pois a interioridade é justamente a fonte que jorra para a vida eterna, e o que brota dessa fonte é justamente seriedade. Quando o *Eclesiastes* diz que tudo é vaidade, tem a seriedade *in mente.* Quando, ao contrário, após estar perdida a seriedade, diz-se que tudo é vaidade, há aí de novo somente uma expressão ativo-passiva disso (a obstinação da melancolia) ou uma expressão passivo-ativa (da frivolidade e do gracejo), dado que aí se encontra motivo para chorar ou para rir, mas a seriedade já se perdeu.

Até onde alcança o meu conhecimento, não me consta que exista uma definição do que seja seriedade. Sendo realmente assim, isso me alegraria, não porque me agrade o pensamento moderno, flutuante e de cores borradas, que aboliu a definição, mas sim porque, diante dos conceitos da existência, o abster-se das definições sempre mostra um tato seguro, porque é impossível que se possa inclinar-se a querer captar na forma da definição – com o que tão facilmente surge um estranhamento e o objeto se transforma em outra coisa: aquilo que essencialmente deve ser compreendido de outro modo, que a gente mesma compreendeu de modo diferente, o que a gente amou de um modo totalmente diferente. Quem ama de verdade, dificilmente poderá encontrar prazer, satisfação, para nem dizer crescimento, em ocupar-se com uma definição do que é propriamente amor. Quem vive numa relação diária, e contudo festiva, com a ideia de que existe para nós um Deus, dificilmente poderá desejar estragar ele mesmo isso, ou vê-lo ser estragado, para conseguir costurar com suas próprias mãos, como um remendão, uma definição do que seria Deus. Assim também com a seriedade: ela é uma coisa tão séria que até mesmo uma definição sua já constitui uma leviandade. Contudo, não o digo como se minha ideia não fosse clara, ou como se temesse que um especulador supersabido qualquer – obstinado na defesa da análise conceitual, como um matemático sequioso por demonstrações, e que, por isso, a respeito de tudo diz, como um matemático diria: mas então, o que é que isto prova? – houvesse de ficar desconfiado de mim, como se eu não entendesse do que é que eu falava, pois, segundo o meu modo de pensar, o que digo aqui prova justamente, melhor do que qualquer análise conceitual, que eu sei, com seriedade, do que é que se trata.

Ainda que eu não esteja inclinado a dar agora uma definição de seriedade ou a discorrer sobre seriedade nas brincadeiras da abstração, vou expor, todavia, algumas observações orientadoras. Na *Psychologie* de Rosenkrantz[288] encontra-se uma definição de caráter (Gemüth)[289]. Diz ele, à p. 322: que caráter é unidade de sentimento e autoconsciência. Na análise anterior, ele explica de maneira excelente *dass das Gefühl zum Selbstbewusstsein sich aufschliesse, und um gekehrt, dass der Inhalt des Selbstbewusstseins von dem Subject als der* seinige *gefühlt wird. Erst diese Einheit kann man Gemüth nennen. Denn fehlt die Klarheit der Erkenntniss, das Wissen vom Gefühl, so existirt nur der Drang des Naturgeistes, der Turgor der Unmittelbarkeit. Fehlt aber das Gefühl, so existirt nur ein abstracter Begriff, der nicht die letzte Innigkeit des geistigen Daseins erreicht hat, der nicht mit dem Selbst des Geistes Eines geworden ist* (cf. p. 320 e 321)[290]. Se recuarmos ainda mais na perseguição de sua definição de *Gefühl* (sentimento), como unidade imediata, espiritual, de *seiner Seelenhaftigkeit und seines Bewusstseins* (p. 242)[291] e aí recordarmos que na definição de *Seelenhaftigkeit* é levada a sério a unidade com a determinação natural imediata, poderemos, juntando tudo isso, ter uma ideia do que seja uma personalidade concreta.

Seriedade e *Gemüth* se correspondem então mutuamente de tal forma que a seriedade é uma expressão mais elevada e a mais profunda do que seja *Gemüth*. O *Gemüth* é uma determinação da imediatidade, enquanto que, em contrapartida, a seriedade é a originalidade conquistada do *Gemüth,* sua originalidade conservada na responsabilidade da liberdade, sua originalidade mantida no gozo da bem-aventurança. A originalidade do *Gemüth,* em seu desenvolvimento histórico, mostra justamente o eterno na seriedade, razão por que a seriedade jamais se pode mudar em hábito. O hábito, Rosenkrantz o estuda somente na fenomenologia, não na pneumatologia[292]; porém o hábito também faz parte desta, e o hábito aparece tão logo o eterno desaparece da repetição[293]. Quando a originalidade na seriedade é conquistada e conservada, aí ocorre uma sucessão e repetição; mas, quando falta originalidade na repetição, aí temos então o hábito. O homem sério é justamente sério graças à originalidade com que ele retorna ao ponto inicial[294] na repetição. É verdade que se diz que um sentimento vivo e interior conserva a originalidade, porém a interioridade do sentimento é um fogo que pode arrefecer sempre que a seriedade não cuidar dele, e, por outra parte, a interioridade do sentimento é de ânimo instável, umas vezes ela é mais interior do que outras vezes. Dou um exemplo, para tornar tudo isso o mais concreto possível. Um clérigo deve a cada domingo pronunciar a oração eclesial de preceito, ou a cada domingo ele deve batizar várias crianças. Imaginemos que esteja cheio de entusiasmo, etc.: o fogo se extingue, ele vai agitar, comover, etc., mas às vezes mais, às vezes menos. Só a seriedade é capaz de retornar regularmente cada domingo com a mesma originalidade à mesma coisa[295].

Mas, esta coisa, sempre a mesma, a que a seriedade deve retornar mais e mais com a mesma seriedade só pode ser a própria seriedade; pois, senão, vem a ser pedantismo. A seriedade neste sentido significa a personalidade mesma, e só uma personalidade séria é uma personalidade efetiva; e só uma personalidade séria pode fazer algo com seriedade, pois para fazer alguma coisa com seriedade se requer, acima de tudo e principalmente, que se saiba o que é objeto da seriedade.

Na vida não é raro ouvir falar de seriedade; um se torna sério por causa da dívida do Estado, outro por causa das categorias, um terceiro ao discutir uma performance teatral, etc. Que as coisas ocorrem deste modo, a ironia o descobre, e aqui ela tem muito que fazer; pois todo aquele que fica sério no lugar errado é *eo ipso* cômico, mesmo que uma época contemporânea também travestida comicamente e a opinião desta época contemporânea possam vir a tornar-se sérias no mais alto nível em relação a essas coisas. Não há portanto critério mais seguro para avaliar em sua base mais profunda para que serve um indivíduo do que descobrir através da própria tagarelice dele, ou, fazendo-o de bobo, arrancar-lhe o segredo sobre o que o tornou sério na vida; pois decerto pode-se nascer com um gênio próprio[296], mas não se nasce com seriedade. A expressão "o que o tornou sério na vida" deve naturalmente ser compreendida no sentido pregnante da questão sobre a partir de quando o indivíduo data, no sentido mais profundo, a sua seriedade; pois pode-se muito bem, depois de se ter tornado um homem sério em cima daquilo que é o objeto da seriedade, tratar com seriedade, que seja, as coisas mais diferentes, mas a questão mesmo é saber se primeiro a gente se tornou sério com base no objeto da seriedade. Este objeto, cada ser humano o possui, pois é *ele mesmo,* e quem não se tornou sério em relação a si mesmo, porém a partir de qualquer outra coisa, de qualquer coisa grandiosa e barulhenta, é, apesar de toda a sua seriedade, um brincalhão, e, mesmo que consiga durante algum tempo enganar a ironia, acabará *volente deo*[297] por se tornar cômico, pois a ironia zela pela seriedade. Aquele, por outro lado, que se tornou sério no momento justo, comprovará a saúde de seu espírito justamente por saber abordar todas as outras coisas tão bem de modo sentimental como no modo da brincadeira, mesmo que os que levam a seriedade muito a sério sintam um frio descer pela espinha ao perceberem que ele está brincando com aquilo que os tornou horrivelmente sérios. Contudo, ao abordar o que é sério, saberá não tolerar qualquer piada e, se o esquecer, bem pode suceder-lhe o mesmo que sucedeu a Alberto Magno, quando de modo arrogante este desafiou com sua especulação a divindade[298] e de repente virou tolo; pode muito bem lhe suceder o mesmo que a Belerofonte, que montava seu Pégaso tranquilamente a serviço da Ideia, mas que caiu do cavalo quando quis abusar de Pégaso para cavalgar até um encontro galante com uma mulher terrena.

A interioridade, a certeza, é seriedade. Parece meio pouco, se pelo menos eu tivesse dito que a seriedade é a subjetividade, a pura subjetividade, a *übergreifende*[299] subjetividade – aí sim eu teria dito alguma coisa – que certamente teria tornado séria uma porção de gente. Contudo, posso também expressar a seriedade de um outro modo. Quando falta a interioridade, o espírito é reduzido à finitude. Por isso, a interioridade é a eternidade, ou a determinação do eterno num ser humano.

Agora, se se quiser estudar corretamente o demoníaco, é preciso somente ver de que maneira é entendido o eterno na individualidade, e já se saberá a resposta. A tal respeito, os tempos modernos oferecem um vasto campo de observação. Fala-se bastante do eterno em nosso tempo, ele é rejeitado, ele é aceito, e tanto o primeiro caso quanto o último (levando em consideração o modo como isso ocorre) indicam carência de interioridade. Mas aquele que não entendeu corretamente o eterno, ou seja, de modo totalmente concreto[300], carece de interioridade e de seriedade.

Não desejo ser aqui mais minucioso, contudo quero salientar alguns pontos:

a) Nega-se o eterno no homem. No mesmo instante *der Lebenswein* foi *ausgeschenkt*[301], e toda e qualquer individualidade deste tipo é demoníaca. Uma vez que se põe o eterno, o presente torna-se uma outra coisa, diferente do que se quer. É isso o que se teme, e assim se está na angústia diante do bem. Ora, um homem pode negar o eterno tanto quanto quiser, ele não consegue com isso separar totalmente sua vida do eterno. E, ainda que até certo ponto e num certo sentido se queira admitir[302] o eterno, este ainda é temido no outro sentido e para além daquele ponto; mas, por mais que se o negue, não se consegue jamais eliminá-lo de todo. Teme-se demais o eterno em nosso tempo, mesmo quando se o reconhece por meio de fórmulas abstratas e, para o eterno, lisonjeiras. Enquanto todos e cada um dos governos de hoje em dia vivem no temor de cabeças irrequietas, assim vivem demasiadas individualidades no temor de uma cabeça irrequieta, que não obstante é a verdadeira quietude[303] – para a eternidade. Proclama-se então o instante, e assim como o caminho da perdição está pavimentado de bons propósitos, também todos esses instantes são a melhor forma de deixar a eternidade reduzida a nada. Mas por que esta pressa tão terrível? Se não há nenhuma eternidade, os momentos continuam tão longos como no caso de ela existir. Mas a angústia diante da eternidade transforma o instante numa abstração. – Este negar o eterno pode, de resto, direta e indiretamente, expressar-se das mais diversas maneiras: como zombaria, como prosaica embriaguez da razão comum[304], como azáfama, como entusiasmo pela temporalidade, etc.

b) Concebe-se o eterno de modo inteiramente abstrato. O eterno é, tal como as montanhas do azul longínquo, a fronteira da temporalidade, porém aquele que vive com todas as forças na temporalidade não chega até a fronteira. O indivíduo[305], que a espreita, é uma espécie de sentinela de fronteira, postada fora do tempo.

c) Verga-se a eternidade para dentro do tempo, em prol da fantasia. Entendida assim, ela produz um efeito mágico; não se sabe se ela é sonho ou realidade; a eternidade lança-nos olhares melancólicos, cismarenta, convidando-nos graciosa para o momento, e tremula como os raios da lua que adentram um bosque ou um salão iluminados. A ideia do eterno torna-se uma ocupação fantástica, e a atmosfera de alma é sempre esta: sou eu que sonho, ou é a eternidade que está sonhando comigo?

Ou então a gente a concebe, pura e sem mistura, para a fantasia, sem aquela ambiguidade coquete. Esta concepção achou uma expressão determinada na sentença: a arte é uma antecipação da vida eterna[306]; pois a poesia e a arte são apenas a reconciliação pela fantasia e podem ter talvez a *Sinnigkeit*[307] da intuição, mas jamais dispõem da *Innigkeit*[308] da seriedade. – Pinta-se a eternidade com o ouropel da fantasia – e suspira-se por ela. – Fita-se apocalipticamente a eternidade, desempenha-se o papel de Dante, enquanto Dante, porém, por mais concessões que fizesse à visão fantástica, jamais suspendia o efeito do veredicto ético.

d) Ou concebe-se a eternidade metafisicamente. Profere-se *Ich – Ich* tantas vezes que afinal a gente se torna na mais ridícula de todas as coisas: o Eu puro, a eterna autoconsciência. Fala-se tanto sobre a imortalidade, até que a gente se torna – não imortal, porém a própria imortalidade. Todavia, de repente verifica-se que não se conseguiu incluir a imortalidade no sistema, e agora se fica preocupado de lhe indicar lugar num apêndice. A propósito dessa coisa ridícula, era uma palavra verdadeira a de Poul Møller, de que a imortalidade tem de estar presente em toda parte. Mas, se é assim, a temporalidade torna-se algo bem diverso do que se deseja. – Ou então se entende a eternidade de maneira tão metafísica que a temporalidade vem a ser aí conservada de maneira cômica. Vista de modo estético-metafísico, a temporalidade é cômica, pois ela é a contradição, e o cômico reside sempre nesta categoria. – Se então se concebe a eternidade de modo meramente metafísico, e não obstante por algum motivo quer-se fazer a temporalidade entrar nela, fica bastante cômico que o espírito eterno mantenha a recordação das várias vezes que teve dificuldades financeiras, etc. Mas todo o incômodo a que a gente se expõe para conservar a eternidade é trabalho perdido e é alarme falso, pois a metafísica pura não torna ninguém imortal nem jamais deixou um ser humano seguro de sua imortalidade. Mas se ele se tornar imortal de um modo totalmente diferente, aí o cômico não insistirá em se impor. Embora o cristianismo ensine que um homem deve prestar contas de cada palavra inútil que tenha pronunciado, e nós o entendemos simplesmente a respeito da recordação total, do que já aqui nesta vida às vezes se pode mostrar sintomas evidentes; ainda que a doutrina cristã não possa ser iluminada de maneira mais aguda do que quando colocada em contraste com a ideia grega de que os imortais, antecipadamente, beberam do Rio Lete para esquecer, daí não segue, de jeito nenhum, que a recordação deva ser cômica, direta ou indiretamente: diretamente, quando recordamos as coisas ridículas; indiretamente, quando transformamos coisas ridículas em decisões fundamentais. Justamente porque a prestação de contas e o juízo são o essencial, esse essencial atuará como um Rio Lete em relação com o que é inessencial, enquanto que também é certo que muitas coisas podem vir a se mostrar essenciais de um modo que nem se imaginaria. Nas situações mais engraçadas, nos acasos, nas voltas e rodeios da vida a alma não esteve presente de maneira essencial, razão por que tudo isso desaparecerá, a não ser para aquela alma que aí tenha estado de modo essencial; mas para esta nem assume qualquer significado cômico. Quem refletiu com proveito sobre o cômico, estudou-o de modo executivo, sempre lúcido a respeito de sua categoria, compreende então facilmente que o cômico pertence, justamente, à temporalidade, pois aqui está a contradição. Nem metafísica nem esteticamente pode-se detê-lo e impedir que o cômico acabe por engolir toda a temporalidade que pode atingir aquele que se apresenta bem desenvolvido para se valer do cômico, mas sem estar bastante amadurecido para distinguir *inter et inter*[309]. Na eternidade, ao contrário, toda a contradição estará abolida, a temporalidade impregnada de eternidade e nela conservada; mas ali não há nem vestígio do cômico.

Não se quer, porém, pensar a eternidade seriamente, mas se tem medo dela, e a angústia inventa centenas de subterfúgios. Entretanto, isso é justamente o demoníaco.

Caput V

Angústia como o que salva pela fé

Acha-se num dos contos de Grimm uma narrativa sobre um moço que saiu a aventurar-se pelo mundo para aprender a angustiar-se. Deixemos esse aventureiro seguir o seu caminho, sem nos preocuparmos [em saber] se encontrou ou não o terrível[310]. Ao invés disso, quero afirmar que essa é uma aventura pela qual todos têm de passar: a de aprender a angustiar-se, para que não se venham a perder, nem por jamais terem estado angustiados nem por afundarem na angústia; por isso, aquele que aprendeu a angustiar-se corretamente, aprendeu o que há de mais elevado[311].

Se um humano fosse um animal ou um anjo, não poderia angustiar-se. Dado que ele é uma síntese, pode angustiar-se, e quanto mais profundamente se angustia, tanto maior é o ser humano, mas não, contudo, no sentido em que os homens em geral o consideram, referindo a angústia a algo externo, como algo que é exterior ao homem, e sim no sentido de que ele mesmo produz a angústia. Só neste sentido deve entender-se o que se diz de Cristo: "que se angustiou até a morte", e também quando ele diz a Judas: "O que vais fazer, faze-o logo". Nem sequer as terríveis[312] palavras que tanto angustiavam Lutero quando pregava sobre elas: "Deus meu, Deus meu, por que me abandonaste?" – nem sequer essas palavras expressam com tanto vigor o sofrimento[313], pois com essas últimas palavras se designa um estado em que Cristo se encontrava, enquanto que aquelas primeiras designam uma relação com um estado que ainda não se deu.

A angústia é a possibilidade da liberdade, só esta angústia é, pela fé, absolutamente formadora, na medida em que consome todas as coisas finitas, descobre todas as suas ilusões. E nenhum Grande Inquisidor dispõe de tão horripilantes[314] tormentos como a angústia, e nenhum espião sabe investir sobre o suspeito com tanta astúcia, justo no momento em que está mais debilitado, ou sabe preparar armadilhas, em que este ficará preso, tão insidiosamente como a angústia, e nenhum juiz sagaz consegue examinar, sim, "ex-animar" [desalentar][315], o acusado como a angústia, que não o deixa escapar jamais, nem nas diversões, nem no barulho, nem no trabalho, nem de dia e nem de noite.

Aquele que é formado pela angústia é formado pela possibilidade, e só quem é formado pela possibilidade está formado de acordo com sua infinitude. A possibilidade é, por conseguinte, a mais pesada de todas as categorias. É certo que se ouve com frequência o contrário: que a possibilidade é tão leve, a realidade, porém, tão pesada. Mas de quem é que se ouvem tais discursos? De alguns humanos miseráveis que jamais souberam o que é possibilidade, e como então a realidade lhes mostrou que não prestavam para nada e nem haveriam de prestar para nada, reavivaram, mentirosos, uma possibilidade que seria tão bela, tão encantadora, e que, no melhor dos casos, baseia-se numa tolice juvenil, da qual seria melhor que se envergonhassem. Em geral entende-se, portanto, por esta possibilidade, da qual se diz que é tão leve, a possibilidade da sorte, do êxito, etc. Mas essa não é de jeito nenhum a possibilidade, é uma invenção mentirosa em que a corrupção humana aplica nova maquiagem para poder, sem embargo, ter motivo para queixar-se da vida e da Providência, e ter uma chance de se atribuir importância aos próprios olhos. Não, na possibilidade tudo é igualmente possível, e aquele que, em verdade, foi educado pela possibilidade entendeu aquela que o apavora[316] tão bem quanto aquela que lhe sorri[317]. Quando, pois, um tal sujeito concluiu a escola da possibilidade e sabe, melhor que uma criança no seu ABC, que não pode exigir absolutamente nada da vida, e que o horrível[318], perdição, aniquilamento moram na porta ao lado de qualquer homem, e aprendeu com proveito que toda angústia, diante da qual ele se angustiava, no momento seguinte avançou sobre ele, então ele dará uma outra explicação da realidade; haverá de louvar a realidade, e mesmo quando ela pairar pesadamente sobre ele, lembrar-se-á de que esta é muito, muito mais leve do que o era a possibilidade. Somente assim a possibilidade pode formar; pois a finitude e as relações finitas dentro das quais um indivíduo tem seu lugar marcado, sejam elas pequenas e cotidianas ou tenham importância para a história universal, formam apenas de modo finito, e sempre se pode passar a conversa nelas, sempre fazer delas algo um pouco diferente, sempre barganhar, sempre fugir-lhes de algum modo, sempre manter uma certa distância delas, sempre impedir que se aprenda delas qualquer coisa num sentido absoluto, e se isso deve ser feito, então o indivíduo precisa ter em si outra vez a possibilidade, e ele mesmo formar aquela coisa com a qual há de aprender, ainda que esta no momento seguinte não reconheça que está formada por ele, senão que roube dele absolutamente todo poder.

Mas para que um indivíduo venha a ser formado assim tão absoluta e infinitamente pela possibilidade, ele precisa ser honesto frente à possibilidade e ter a fé. Por fé compreendo aqui o que Hegel, à sua maneira, em algum lugar, corretissimamente, chama de a certeza interior que antecipa a infinitude[319]. Se forem administradas ordenadamente as descobertas da possibilidade, então a possibilidade há de descobrir todas as finitudes, mas há de idealizá-las na forma da infinitude, e há de mergulhar o indivíduo na angústia, até que este, por sua parte, as vença na antecipação da fé.

O que acabo de dizer talvez pareça a muitos um discurso obscuro e ruim, já que se vangloriam de nunca se angustiar. A isso eu responderia que não se deve angustiar-se, certamente, pelos seres humanos, pelas coisas finitas, mas só o que atravessou a angústia da possibilidade, só este está plenamente formado para não se angustiar, não porque se esquive dos horrores[320] da vida, mas porque esses sempre ficam fracos em comparação com os da possibilidade. Se meu interlocutor achar, por outro lado, que sua grandeza consiste em nunca se ter angustiado, então com alegria eu o iniciarei em minha explicação de que isso se deve ao fato de ele ser muito desprovido de espírito.

Se o indivíduo engana a possibilidade pela qual deve ser formado, não chega nunca à fé, sua fé torna-se então uma esperteza da finitude, tal como sua escola também era a da finitude. Mas a gente engana a possibilidade de um jeito ou de outro; pois, senão, qualquer homem que pusesse a cabeça para fora da janela já poderia ter visto o suficiente para que a possibilidade pudesse começar com isso os seus exercícios[321]. Há um quadro de Chodowiecki que representa a Rendição de Calais[322] contemplada pelos 4 temperamentos, e a tarefa do artista foi a de fazer com que as diversas impressões se refletissem na expressão dos diferentes temperamentos. A vida mais presa ao dia a dia tem, com certeza, acontecimentos suficientes, mas o cerne da questão é a possibilidade na individualidade que é honesta consigo mesma. Conta-se de um ermitão hindu que vivera por dois anos só de orvalho, que ele certo dia foi à cidade, provou vinho e caiu no vício da bebida. Pode-se entender esta história, como qualquer outra semelhante, de diferentes maneiras. Pode-se fazê-lo à maneira cômica, pode-se fazê-lo à maneira trágica, mas a individualidade que é formada pela possibilidade terá muito que fazer com uma única história desse gênero. No mesmo instante identifica-se absolutamente com esse infeliz, não conhece nenhuma escapatória da finitude que lhe permita evadir-se. Agora, a angústia da possibilidade o tem como presa, até que possa entregá-lo, salvo, aos braços da fé; noutro lugar ele não encontra repouso, pois qualquer outro ponto de repouso não passa de conversa fiada, ainda que seja prudência aos olhos dos homens. Eis por que a possibilidade é tão absolutamente formadora. Na realidade efetiva jamais alguém se tornou tão infeliz que não tenha conservado um restinho de esperança, e diz o senso comum com toda a verdade: quem é jeitoso sabe arranjar-se. Mas aquele que penou na infelicidade ao frequentar o curso da possibilidade, perdeu tudo, tudo, como nunca ninguém na realidade o perdeu. Mas se então ele não enganou a possibilidade, que queria ensinar-lhe, não passou a conversa na angústia, que queria salvá-lo – então também ganhou tudo de volta como na realidade ninguém jamais recobrou, ainda que tivesse recobrado tudo decuplicado; pois o discípulo da possibilidade ganhou a infinitude, e a alma do outro teria expirado na finitude. Na realidade ninguém se afundou tanto que não pudesse afundar-se ainda mais, ou que não existisse outro ou muitos que se afundaram ainda mais do que o primeiro. Mas aquele que mergulhou na possibilidade sentiu vertigens no olhar, os olhos se lhe extraviaram de modo que não alcançava o medidor de profundidade que fulano ou beltrano lhe estendia como palha de salvação[323], os ouvidos se lhe fecharam de maneira que já não ouvia a quantas estava a cotação do homem em sua época, não ouviu que valia tanto quanto a maioria. Ele afundou absolutamente, mas logo emergiu outra vez do fundo do abismo, mais leve do que tudo o que há de penoso e horroroso[324] na vida. Só não nego que aquele que é formado pela possibilidade esteja exposto não, como os que são formados pela finitude, ao perigo de cair em más companhias e desviar-se de diferentes maneiras, mas está sim exposto a uma queda, ou seja, à do suicídio. Se ao começar sua formação entende mal a angústia, de modo que esta não o leva à fé, mas antes o afasta dela, então ele está perdido. Quem, ao contrário, é formado, permanece junto à angústia, não se deixa enganar por suas inúmeras falácias, conserva com exatidão a memória do passado; aí então por fim os ataques da angústia, embora continuem terríveis, não são de tal modo que ele bata em retirada. A angústia torna-se para ele num espírito servidor que não pode deixar de conduzi-lo, mesmo a contragosto, aonde ele quiser. Quando ela se anuncia, quando parece que vai dar o golpe, como se ardilosamente tivesse inventado agora um meio de horrorizar[325] completamente novo, como se agora fosse muito mais horrível[326] do que nunca, ele não recua, nem ao menos procura mantê-la afastada com ruído e algaravia, antes lhe dá as boas-vindas, saúda-a festivamente, tal como Sócrates ergueu solenemente ao ar, à maneira de brinde, o copo do veneno, encerra-se com ela, e diz, como um paciente ao cirurgião, quando vai começar a operação dolorosa: "Agora estou pronto". Então, a angústia penetra em sua alma e a esquadrinha inteiramente, e angustia o finito e o mesquinho para longe dele, e finalmente o conduz para onde ele quer.

Quando um ou outro acontecimento extraordinário ocorre na vida, quando um herói da história universal reúne heróis ao redor de si e realiza façanhas heroicas, quando ocorre uma crise e tudo adquire importância, aí os homens desejam estar presente; pois isso forma. É bem possível. Mas há um modo muito mais fácil de ser formado muito mais profundamente. Toma o discípulo da possibilidade, coloca-o no meio das charnecas da Jutlândia, onde não ocorre nenhum acontecimento, onde o maior de todos os eventos é o ruidoso levantar voo de um perdigão: ele vivenciará tudo de modo mais perfeito, mais justo, mais profundo do que o que foi aplaudido no palco do teatro da história universal, se este não foi formado pela possibilidade.

Sendo o indivíduo formado pela angústia para a fé, a angústia então há de erradicar justamente o que ela mesma produz. A angústia descobre o destino, mas quando então o indivíduo quer pôr sua confiança no destino a angústia se reverte e expulsa o destino; pois o destino é como a angústia, e a angústia é como a possibilidade uma carta de bruxa[327]. Quando a individualidade não é dessa maneira transformada por si mesma em relação ao destino, conserva sempre um resto dialético que nenhuma finitude consegue erradicar, tampouco como perde a confiança na loteria quem não a perde por si mesmo, já que só por muito perder no jogo este não a perde. Até na relação com o que há de mais insignificante, a angústia está prontamente à disposição tão logo a individualidade queira evadir-se de algo ou alcançar algo na sorte. Em si, trata-se de algo sem importância, e o indivíduo não pode aprender nada a tal respeito fora da finitude, mas a angústia faz processo sumário, joga no mesmo instante o trunfo da infinitude, da categoria, e este a individualidade não consegue superar. Tal individualidade não pode temer o destino no sentido exterior, suas variações, suas derrotas, pois a angústia nela já formou o destino e arrancou dela absolutamente tudo o que qualquer destino pode arrancar. Sócrates diz no Crátilo que é terrível ser enganado por si mesmo, porque a gente traz sempre consigo o enganador, assim também se pode dizer que é uma sorte ter consigo um enganador que engana por piedade e já vai desmamando a criança antes que a finitude comece a trapacear com ela. Ainda que em nosso tempo uma individualidade não seja assim formada na possibilidade, esse tempo possui mesmo assim uma característica excelente para qualquer um em que haja uma base mais profunda e que anseie por aprender o bem. Quanto mais pacífico e mais tranquilo um tempo, quanto mais exatamente tudo percorre seu caminho regular de modo que a bondade tenha sua recompensa, tanto mais facilmente pode uma individualidade iludir-se na questão: se não estaria ela empenhando-se por um objetivo talvez belo, mas não obstante finito. Nestes tempos, ao contrário, não se precisa ter mais de 16 anos para ver que aquele que deve apresentar-se no teatro da vida assemelha-se àquele homem que saiu de Jericó e caiu nas mãos dos bandidos. Quem não deseja afundar-se na miséria da finitude é compelido a, no sentido mais profundo, atirar-se para a infinitude. Uma tal orientação provisória é uma analogia à formação na possibilidade, e uma tal orientação tampouco pode ter lugar fora da possibilidade. Quando então a sagacidade realizou seus incontáveis cálculos, quando o jogo foi vencido – aí a angústia aparece ainda antes de o jogo estar perdido ou vencido na realidade efetiva, e a angústia mostra uma cruz para o diabo, de modo que a sagacidade não consegue absolutamente nada, e a combinação mais esperta da sagacidade some como um gracejo diante do caso que a angústia forja com a onipotência da possibilidade. Até no que há de mais insignificante, tão logo a individualidade busca uma solução habilidosa, somente habilidosa, e quer esquivar-se de algo, e há toda a probabilidade de que tenha êxito, pois a realidade não é um examinador tão rigoroso como a angústia – aí está então a angústia. Se é rejeitada por se tratar de uma coisa sem importância, então a angústia faz desta insignificância algo de tão notável quanto o vilarejo de Marengo veio a ser na história da Europa, porque ali ocorreu a grande Batalha de Marengo. Se uma individualidade não está emancipada assim da sagacidade por si mesma, de nada lhe adianta; pois a finitude sempre explica apenas parcialmente, jamais totalmente, e aquele cuja sagacidade falhou o tempo todo (e mesmo isso é impensável na realidade), pode procurar o motivo disso na sagacidade e esforçar-se por tornar-se mais sagaz. Com o auxílio da fé a angústia ensina a individualidade a repousar na Providência. Assim também em relação à culpa, que é o outro[328] que a angústia descobre. Aquele que só aprende a conhecer sua culpa[329] no contexto da finitude está perdido na finitude, e de modo finito não se deixa resolver a questão de se um homem é culpado, a não ser de um modo exterior, jurídico, extremamente imperfeito. Por isso aquele que só chega a aprender a conhecer sua culpa graças às analogias com os julgamentos da polícia e da corte suprema jamais concebe propriamente que ele é culpado; pois se um homem é culpado, então é infinitamente culpado. Se tal individualidade, que só se forma pela finitude, não recebe um julgamento da polícia ou um juízo da opinião pública de que é culpada, então se torna a coisa mais ridícula e miserável de todas, um modelo da virtude, que é um pouco melhor do que o povo em geral, mas não é tão bom como o pastor. Que ajuda um tal homem haveria de necessitar na vida, ele que antes mesmo de sua morte já pode ser recolhido a uma coleção de bons exemplos? Da finitude pode-se aprender muita coisa, mas não a se angustiar, a não ser num sentido muito medíocre e corrompido. Por outro lado, aquele que aprendeu a angustiar-se de verdade pode mover-se como na dança logo que as angústias da finitude começam a ressoar e quando o aprendiz da finitude perde a razão e a coragem. Assim a gente se ilude tantas vezes na vida. O hipocondríaco angustia-se diante de qualquer insignificância, mas, quando ocorre o que é importante, ele começa a respirar, e por quê? Porque a realidade importante não é, contudo, tão horrível[330] como aquela possibilidade que ele mesmo tinha formado, e para cuja formação gastava sua força, enquanto que agora ele pode usar toda a sua força no confronto com a realidade. Entretanto, o que lida com a hipocondria é apenas um autodidata imperfeito em comparação com aquele que é formado pela possibilidade, porque a hipocondria em parte depende do elemento corpóreo e por isso é contingente[331]. O verdadeiro autodidata é, justamente na mesma medida, um teodidata, como disse um outro autor[332], ou, para não empregar uma expressão que lembra tanto o aspecto intelectual, ele é um αυτουργος τις της φιλο - σοφιας[333] e no mesmo grau θεουργος. Por isso, quem se educa pela angústia em relação à culpa, só há de encontrar repouso na reconciliação.

Aqui termina esta consideração, no ponto em que ela começou. Logo que a Psicologia está pronta com a angústia, há que entregá-la à Dogmática.

Posfácio

Álvaro L.M.Valls

O interesse que vem despertando a leitura de Kierkegaard entre nós confirma um veredicto de Michael Theunissen, que escreveu, há 16 anos:

> Numa época em que se espalha a tendência de aplainar a diferença de Filosofia e Literatura, de argumentação e retórica, um autor como Kierkegaard, que era indissociavelmente pensador e poeta, tem que atrair para si um novo interesse (THEUNISSEN, M. *Der Begriff Verzweiflung* – Korrekturen an Kierkegaard. Frankfurt am Main: STW, 1993, p. 7).

Quem lê Kierkegaard como filósofo, busca argumentos vinculantes. Theunissen lê suas análises a partir de seus pressupostos antropológicos: que o ser humano é uma síntese, que tem um *Self* e que este *Self* é posto por Deus (THEUNISSEN, 1993, p. 16). Dadas essas premissas, eis uma hipótese básica: que o livro sobre o conceito de angústia é filosófico e, embora fale profusamente de Adão e (da possibilidade) do pecado, não quer ser um tratado da Dogmática, pois se inscreve na "Psicologia", entendida nos tempos de Hegel e de Rosenkranz como parte da doutrina dialética do espírito subjetivo. O conceito de angústia é livro de Filosofia, com um método dialético-existencial. E embora inaugure, na Introdução, a noção de uma Segunda Ética, baseada na Dogmática e não na Metafísica, define-se como obra de Psicologia – hoje diríamos Antropologia filosófica, não fossem as críticas de Heidegger à expressão. Ou deveríamos denominá-la uma "analítica da existência", caso a analítica não excluísse a dialética?

O pseudônimo Vigilius Haufniensis critica Schelling por misturar Metafísica e Dogmática. Não obstante, este livro leva leitores desavisados à impressão de que estaria a tratar da realidade do pecado, conceito teológico, revelado. Mas nunca afirma sua realidade, só analisa sua possibilidade ideal, conceitual: ou seja, como o ser humano precisaria ser para poder pecar, e o que o levaria a agir assim? Teria agido por necessidade? Teria seguido uma tal de concupiscência? Teria um livre-arbítrio absoluto, não contraditório?

As análises centrais da liberdade humana (com suas condições transcendentais) e da temporalidade parecem confirmar que se trata de obra de Filosofia. Filosofia dinamarquesa do século XIX, que não teme trazer à colação temas bíblicos, mas refletindo racionalmente sobre eles, como já o fizera o falecido professor de Moral e de Filosofia grega Poul Martin Møller, mestre querido e pranteado, destinatário da tão bela dedicatória da obra.

Por que o autor ilustra tantas análises com a figura bíblica de Adão, comparado com o chamado homem posterior? Adão é figura mítica, é hipóstase ou é paradigma? Qual a função da figura de Adão no desenvolvimento do tratado? Qual o significado filosófico da questão da "possibilidade" do pecado? Não é que Haufniensis se baseie na narrativa do Gênesis supondo-a como descrição de um fato ocorrido há uns 6.000 anos. Kierkegaard diz, desde o início, que "o primeiro" é o que dá a qualidade. O primeiro amor é o amor, o primeiro pecado é o pecado, o primeiro homem é o homem. Assim, falar o tempo todo de Adão é apenas adotar um termo conhecido para refletir sobre o homem, em seus fundamentos. Um outro problema surge quando se fala de Adão: o da historicidade. Embora experiência única a cada vez, o pecado preexiste ao meu pecado, pelo qual introduzo o pecado no mundo. A afirmação da hereditariedade do pecado nos faz refletir sobre a historicidade do gênero humano: o que representa, no que tange à liberdade humana, o fator hereditário? É da liberdade humana que este livro fala, na tradição agostiniana, mas utilizando também polemicamente uma apresentação popular da Lógica hegeliana publicada em dinamarquês pelo Pastor Adler, doutor por Berlim.

Sendo impossível resumir, aqui, as análises da historicidade, da liberdade, das maneiras de sua perda na queda, mencionemos ao menos a contribuição do cap. V, em que a angústia é tratada no seu valor positivo, como experiência imprescindível. Esse último capítulo inicia citando o jovem sem medo do conto dos irmãos Grimm, o mesmo que dará forma ao jovem Siegfried (a oscilar, no *Anel do Nibelungo,* entre Feuerbach e Schopenhauer). Aliás, Wagner e Kierkegaard nasceram ambos em maio de 1813, no mesmo ano que o pai de Nietzsche. Mas, se os hiperbóreos nietzscheanos sem temor (e sem Deus) pretendem ter superado a angústia, o autor nórdico prefere deixar de lado o personagem e ficar com a própria angústia, como heroína. Enquanto os heróis buscavam realizar nas coxilhas do sul do Brasil façanhas que "servissem de modelo a toda a terra" o autor do tratado sugere colocar o indivíduo nas charnecas da Jutlândia – onde nada ocorre e o alçar voo de uma perdiz talvez seja o único evento do dia – para que este discípulo da possibilidade aprenda a ser livre como homem, no uso da própria angústia como libertadora da finitude. Não significa difamar a vida, mas é a forma certa de buscar uma eternidade que não consista somente em eterna repetição do sempre igual. Mas, ao trazermos Wagner e Nietzsche para a discussão, acabamos por confirmar o veredicto da Theunissen.

***

Passemos adiante, vendo como o próprio Kierkegaard, no seu Postscriptum, de 1846, interpretou o significado "filosófico" da obra que Heidegger chama o *Tratado da angústia*. O livro de 1844 inicia e termina com citações enigmáticas do pensador alemão Hamann, e precisa então ser questionado sobre o título de Tratado, que se lhe empresta. Como ler *O conceito de angústia*? Ser e tempo responde, em nota de rodapé: o que há de mais filosófico para se aprender com o dinamarquês estaria nos "escritos edificantes", com a honrosa exceção de um tratado, ainda mais filosófico, o "Tratado da angústia" (HEIDEGGER, M. *Sein und Zeit*. 14. Aufl. Tubingen: Max Niemeyer, 1977, p. 235, nota 1 ao final do §45). A angústia existencial teria sido tratada ali com profundidade e originalidade pelo pensador de Copenhague, o qual, porém, nos conceitos ontológicos, estaria totalmente "sob o domínio hegemônico de Hegel". Heidegger esquece ou ignora que nas *Preleções de estética* se lê que, por abstratos, dos sentimentos (como "angústia": *Angst*) não temos conceitos... Vinte anos depois, um "tratado sobre o conceito da angústia"? – Será que Heidegger interpretou bem as intenções do autor do livro de 1844?

Por sorte, temos o testemunho privilegiado: o livro de Haufniensis foi resenhado pelo próprio Kierkegaard (melhor: pelo pseudônimo Climacus) em sua "olhada panorâmica sobre a literatura dinamarquesa contemporânea", no Postscriptum. Climacus reconhece que o hoje chamado "Tratado" gozou, desde o início, de um certo favor, certa graça, da parte dos professores. – Incluamos o Professor Heidegger entre eles, dada a nota do §45 de ST:

> Por isso pode-se aprender, de filosofia, mais de seus escritos "edificantes" do que dos teóricos – excetuando daí o Tratado sobre o conceito da angústia.

Climacus credita à forma acadêmica do escrito a graça então encontrada:

> É à forma do escrito, um pouco docente, que se deve, indubitavelmente, que

ele, mais do que qualquer outro dos pseudônimos, tenha encontrado migalhas de graça aos olhos dos docentes (SKS, 7, 245).

Climacus, no Postscriptum, assume certa paternidade cúmplice sobre o livro que se supõe ser de Haufniensis, e considera um mal-entendido essa preferência dos docentes:

> Que eu encaro este favor como um mal-entendido, não nego, e neste sentido muito me alegrou que simultaneamente fosse publicado um livrinho divertido de Nicolaus Notabene (SKS, 7).

Climacus se refere a Prefácios, publicado como leitura de entretenimento. Se se tratava do mesmo autor, a seriedade aparente do tratado viria a contrastar com seu livro gêmeo, nascido no mesmo 17 de agosto. Mas o resenhista reconhece sem rodeios a forma diferente do livro de 1844, pois diz que:

> "o conceito angústia" se diferencia essencialmente dos outros escritos pseudônimos porque a forma dele é direta e até mesmo um pouco docente (SKS, 7).

Não obstante a forma um pouco *docerende*", com um jeito de ensinar comum aos professores universitários, talvez o suposto tratado seja uma exceção dentro de um projeto existencial, que busca a interiorização e a seriedade do existir. Não se trataria de uma seriedade acadêmica, teorética, "seriedade de parágrafos", em forma sistêmica, mas sim daquela seriedade da mesma ciência que será evocada na *Doença para a morte*, de 1849.

> Nesse sentido, foi bom que o escrito se constituísse numa investigação psicológica, que explica ela mesma que o pecado não pode encontrar lugar no Sistema, presumivelmente como imortalidade, fé, paradoxo e outras coisas semelhantes que se relacionam essencialmente com o existir, de que precisamente o

> pensamento sistemático desvia o olhar. A palavra "angústia" não nos leva, em absoluto, a pensar numa importância sistêmica, mas na interioridade da existência (SKS, 7, 244).

Caricaturando a *Psychologie* de Karl Rosenkranz, e argumentando dialeticamente em nível filosófico, Haufniensis não colabora com o Sistema, mas tenta uma comunicação de poder, que passa por uma provisória "comunicação de saber": seu discurso direto pertence a uma estratégia maior, fundada na comunicação indireta.

> Talvez o autor tenha achado que aqui neste ponto poderia ser necessária uma comunicação de saber antes que se pudesse passar para uma interiorização que se refere àquele que se supõe essencialmente como sapiente e que não precisa ficar sabendo de mais alguma coisa, e sim de ser influenciado (SKS, 7, 245).

O conceito de angústia não é, se esse pseudônimo o compreende bem, um livro abstrato, sistêmico, capaz de captar o pecado em sua rede conceitual. Fala de Adão e Eva, sem ser exegese bíblica. Kierkegaard personificava os problemas: sensualidade em Don Juan, dúvida em Fausto, desespero no Judeu errante, fé em Abraão, ser cristão em Paulo... Por que não personificar, na figura de Adão, a liberdade, capaz de pecar?

O livro de 1844 é obra complexa, difícil de ler, numa primeira percorrida. Livro que choca e repele, ao mesmo tempo em que atrai. Desperta simpatia e antipatia. Mas é livro de Filosofia, não primeiramente de Teologia, pois investiga dialeticamente, com fortes argumentos, as condições transcendentais de possibilidade do agir livre de um homem, que se diz "gerado e nascido no pecado". Qual a melhor maneira de lê-lo? Climacus sugere, de fato, uma leitura existencial. Distingamos no pensamento de Kierkegaard um aspecto crítico (corretivo) e outro propositivo (se não sua teoria ou doutrina, ao menos sua mensagem, sua proposta na comunicação de poder, sugerindo o que podemos e talvez devamos fazer). O corretivo aparece na pena de Haufniensis, que combate a confusão, a mistura do estético com o religioso, do lógico com o teológico, da mediação lógica com a soteriológica, do sentimentalismo com a verdadeira contrição do pecador, da especulação teológica com a pregação, e quando combate a irreflexão *(Tankeløshed)* dos pastores.

Surgiu no Brasil uma leitura sistêmica, não existencial, de Kierkegaard, que privilegia, por exemplo, a teoria dos estádios. Mimetizar o estilo dos filósofos da academia vale, é claro, como esforço de legitimação do trabalho conceitual sobre o pensador danês. Quiçá Climacus tenha encontrado uma formulação bem mais feliz para caracterizar a investigação de Haufniensis, quando reúne o tema tangenciado sempre, o do pecado, com a temática das esferas e com a perspectiva existencial:

> O pecado é decisivo para toda uma esfera da existência, para a esfera religiosa no sentido mais rigoroso. [...] A interioridade do pecado, enquanto angústia na individualidade existente, é o afastamento maior possível e o mais doloroso da verdade, quando a verdade é a subjetividade (SKS, 7, 243-244).

Por trás dos pseudônimos aparece um pensador preocupado, como o médico à cabeceira do paciente, com o sentido de nossa existência, compreendida, por sua vez, como realização pessoal diante de Deus. O autor que aí se mostra se teria mantido fiel à decisão vocacional que surgiu na carta a Lund, de 1835, em que desistia da carreira de cientista para dedicar-se às "questões do sentido". E que, talvez por isso, se tornou também, como dizia Heidegger, "um escritor religioso".

***

Este livro que aqui se oferece em tradução direta do original dinamarquês não teria surgido em nossa língua sem a ajuda dedicada, crítica e carinhosa, de Else Hagelund, conterrânea do autor e moradora do sul do Brasil há metade de sua existência. Estudantes de mestrado em Filosofia da Unisinos, como Maria de Fátima Olivieri e Jasson da Silva Martins, colaboraram na digitação. O Dr. Jonas Roos, em seu pós-doutorado de Filosofia, após estadia de pesquisa em Copenhague, foi um auxiliar tão valioso quanto discreto. Sem o apoio do CNPq, porém, com suas renovadas bolsas de pesquisa, o tradutor não teria conseguido o tempo e as condições necessárias para tentar fazer um trabalho de mais qualidade, amparado em primeiro lugar na nova edição do autor dinamarquês, dos *Søren Kierkegaards Skrifter,* cujo vol. 4 (1997) serviu de base textual. Foi utilizado também, da mesma coleção do Centro de Pesquisa de Søren Kierkegaard, de Copenhague, dirigido por Niels Jorgen Cappelørn, o volume dos respectivos Comentários (K 4).

As melhores traduções alemãs, francesas e americanas foram bastante consultadas, num trabalho de tradução que levou mais de dois anos, contrastando com a versão em língua inglesa de Lowrie, que teria sido redigida em um mês. Não foram ignoradas as traduções já existentes em nosso idioma, mas muitas vezes suas soluções não convenceram, também por dependerem demais de traduções francesas ou alemãs.

Para finalizar, convém ressaltar outra vez a influência do pensamento de Agostinho (em temas como tempo e eternidade, angústia do bem e outros), as leituras de Schelling e sua escola, as críticas a hegelianos como Adler (mais do que a Hegel), e a ambiguidade do estilo, que parece o de um Tratado acadêmico, mas está marcado por bem disfarçada ironia e/ou comicidade, a atestar influências de Sócrates e de Hamann. Nem se deve esquecer que o livro, único neste ponto, está dedicado ao grande mestre e amigo de Kierkegaard, Poul Martin Møller, infelizmente ainda tão ignorado no Brasil. Que esta tradução seja então, por sua vez, dedicada a Ernani C. Reichmann, um *Kierkegaard redivivus* que viveu e trabalhou no sul do Brasil.

Notas de rodapé

1. Johann Georg Hamann (1730-1788), filósofo de Königsberg. Citação de *Sokratische Denkwürdigkeiten* (1759).

2. P.M. Møller (1794-1838), poeta, professor e tradutor, foi professor de moral de SK na Universidade de Copenhague e pode ser considerado seu grande amigo, mentor e inspirador [N.T.].

3. Moller traduziu o *De Anima* de Aristóteles. – Nos Diários (*Pap.* VB 46) a dedicatória ainda acrescentava aqui as afetuosas expressões: "*min Ungdoms Begeistring; min Begyndens Fortrolige; min tabte Ven; min savnede Læser*", ou seja: "entusiasmo de minha juventude; confidente de meus começos; meu amigo perdido; leitor de quem sinto falta", expressões que estariam deslocadas na pena de um pseudônimo [N.T.].

4. Alusão ao poema de Møller: "*Glæde over Danmark*" [N.T.].

5. No esboço inicial que se encontra nos *Diários* (*Pap.* VB 46), a próxima linha da dedicatória apresentava outra redação, extremamente pessoal, que SK guardou para si, ao responsabilizar o pseudônimo Vigilius Haufniensis pelo livro: "*min Opvaagnens mægtige Basune; min Stemnings forønskede Gjenstand*", ou seja: "poderosa trombeta do meu despertar; objeto desejado de meu ânimo". Cf. a observação final da n. 3 [N.T.].

6. *en Enkelt* [N.T.].

7. Madsen foi um carpinteiro, pregador leigo, líder popular do movimento do despertar religioso, preso em 1821 por seus discursos fortes e suas críticas à Igreja. Morreu na prisão em 1829, antes do veredicto que o condenou a uma multa [N.T.].

8. desejo devoto, propósito bem-intencionado [N.T.].

9. *enkelte Problemer*

10. Alusão à Lógica de Hegel, talvez referindo-se à lógica da *Enciclopédia,* ao final da doutrina da essência [N.T.]. Em ambos os textos de Hegel, porém, *Die Wirklichkeit*

é o título da terceira e última seção do segundo livro, referente à lógica da essência, e não é propriamente "a última seção da Lógica" [N.T.].

11. A questão da *Tilfældighed* (contingência, casualidade, acaso, sorte, acontecimento fortuito, em alemão *Zufall*) já está em Aristóteles, conforme ensinava P.M. Møller, mas aparece também em H.L. Martensen, no seu comentário ao Curso de Lógica oferecido por J.L. Heiberg na Escola Militar Real [N.T.].

12. *assimilere*

13. *prædisponere*

14. *Concession*

15. *Próton pseudos:* falsidade primeira, erro primordial [N.T.].

16. *præsupponere*

17. *frisk væk* [N.T.].

18. *er hævet* [N.T.].

19. *er ophævet,* outras traduções: superado, anulado, suprassumido; em alemão *aufgehoben* [N.T.].

20. *Realitet* [N.T.].

21. dúvida, ceticismo [N.T.].

22. *Stikordet* [N.T.].

23. *Betydning* pode ser traduzida tanto por *importância* quanto por *significação* [N.T.].

24. *Exempli gratia:* Wesen ist, was ist gewesen *[essência é o que foi]*; ist gewesen é um *tempus præteritum* de Seyn, *ergo* Wesen é das aufgehobne Seyn *[o ser superado]*, o Seyn que foi. Isso é um movimento lógico! Se alguém se desse ao trabalho de apreender e recolher na Lógica hegeliana (tal como ela é em si mesma e com os melhoramentos de escola) todos os diabinhos e duendes fictícios que, como aprendizes apressados, auxiliam no avanço do movimento lógico, uma época posterior ficaria talvez estupefata ao descobrir que o que então será tido por chistes caducos desempenhava noutros tempos um grande papel na Lógica, não a título de notas explicativas marginais ou observações espirituosas, mas como elementos diretores do movimento, tornando a Lógica de Hegel um prodígio e dando ao pensamento lógico pés para andar, embora ninguém se apercebesse disso, pois a admiração lançava uma espécie de manto sobre o vagonete, como na ópe-

ra o boneco Lulu entra correndo sem que se veja o mecanismo. O movimento na Lógica, tal é o grande mérito de Hegel, em comparação com o qual nem valerá a pena mencionar o mérito inesquecível que Hegel teve e tantas vezes desdenhou, preferindo correr atrás do incerto: o mérito de haver justificado, de várias maneiras, as determinações categóricas e sua respectiva ordenação.

25. A eterna expressão da Lógica consiste no que os Eleatas, por um mal-entendido, transferiram para a existência: nada surge [opkommer], tudo é.

26. no espírito, em mente [N.T.].

27. *Stemning:* tonalidade afetiva, atmosfera ou estado de ânimo, estado de espírito [N.T.].

28. Que também a ciência, do mesmo modo como a poesia e a arte, pressupõe uma atmosfera tanto no que produz como no que recebe, que um erro na modulação é tão perturbador quanto um erro no desenvolvimento do pensamento, foi completamente esquecido em nosso tempo, no qual a gente já se esqueceu completamente da interioridade e da determinação da apropriação, devido à alegria por toda a magnificência que se julga possuir, ou a isso se renunciou por avidez, tal como aquele cão que preferiu a sombra à presa. Mas todo erro engendra seu próprio inimigo. O erro do pensamento tem para além dele a dialética, a omissão ou a falsificação da atmosfera têm para além de si o cômico, como inimigo.

29. *Letsindig og Tungsindig.* Jogo de palavras dinamarquês, algo como: *ânimo ligeiro e ânimo pesado* [N.T.].

30. *overvundet* [N.T.].

31. *Ligelighed og Uinteresserethed* [N.T.].

32. potencialmente [N.T.].

33. como realidade atual ou como efetividade [N.T.].

34. Se se considerar isso mais de perto, ter-se-á uma boa oportunidade de perceber quão espirituoso é, afinal, intitular a última seção da Lógica "a Realidade", dado que nem mesmo a Ética alcança esta. A Realidade com a qual a Lógica se encerra não significa, portanto, no sentido da realidade, nada mais do que o Ser com o qual ela inicia.

35. No que toca a este ponto, encontrar-se-ão várias observações em *Temor e tremor,* publicado por Johannes

de Silentio (Copenhague, 1843). Aí, o autor leva várias vezes a idealidade desejada pela Estética a encalhar na idealidade exigida pela Ética, a fim de fazer surgir desses embates a idealidade religiosa como aquela que é justamente a idealidade da realidade efetiva, e por isso tão desejável quanto a da Estética e não impossível como a da Ética, mas de tal maneira que esta idealidade irrompe no salto dialético e na atmosfera positiva do "eis que tudo é novo!" bem como na atmosfera negativa que é a paixão do absurdo, à qual corresponde o conceito da "repetição". Ou bem toda a existência está acabada na exigência ética, ou então a condição é encontrada, e a vida e a existência toda recomeça do início, não por uma continuidade imanente com o anterior, o que seria uma contradição, mas por força de uma transcendência que separa da primeira existência a repetição por um abismo, de tal modo que seria apenas linguagem figurada se se dissesse que a anterior e a posterior se relacionam mutuamente tal como a totalidade dos seres vivos que se encontra no mar se relaciona com a dos ares e da terra, muito embora de acordo com a opinião de alguns naturalistas aquela totalidade, na sua imperfeição, deva prefigurar (*præformere*) prototipicamente tudo o que a outra revela. Com referência a essa categoria, pode-se comparar A *repetição*, de Constantin Constantius (Copenhague, 1843). Verdade se diga que esse livro é um livro engraçado; como, aliás, o desejou o autor; mas este é o primeiro, que eu saiba, a haver captado com energia "a repetição" e a tê-la descoberto no vigor expressivo que tem o seu conceito para explicar a relação entre o étnico [pagão] e o essencialmente cristão [*det Christlige*], ao indicar o ápice invisível e esse *discrimen rerum* [ponto crítico] em que ciência se bate contra ciência até que a nova ciência apareça. O que ele descobriu, porém, voltou a escondê-lo, disfarçando o conceito sob os gracejos da representação correspondente. O que o teria levado a isso é difícil de dizer, ou melhor, de compreender; pois ele próprio declara que escreve assim "para que os hereges não o compreendam". Como ele só quis ocupar-se do assunto estética e psicologicamente, tudo precisava ser disposto humoristicamente, e o efeito é alcançado fazendo-se que esta palavra ora signifique tudo, ora a coisa mais insignificante de todas, e a passagem ou, mais corretamente, o constante cair das nuvens, é motivado por sua contrapartida burlesca. No entanto, ele nos indicou de maneira bastante precisa a questão toda, à p. 34: "A repetição constitui o *interesse* da Metafísica, e também aquele interesse no qual a Metafísica encalha; a repetição é a senha/solução em qualquer concepção ética; a repetição é a *conditio sine qua non* de todo e qualquer problema dogmático". A primeira frase contém uma alusão à sentença de que a Metafísica é desinteressada, como Kant o dizia do estético. Tão logo aparece o interesse, a Metafísica se esquiva. Por isso a palavra *interesse* está grifada. Na realidade efetiva todo o interesse da subjetividade vem à tona, e então a Metafísica encalha. Se a repetição não é posta, a Ética transforma-se num poder que obriga e é por isso, provavelmente, que ele diz que a repetição é a senha/solução na concepção ética. Quando a repetição não é posta, a Dogmática nem pode existir; pois na fé começa a repetição, e a fé é o órgão para os problemas dogmáticos. – Na esfera da natureza, a repetição está em sua inabalável necessidade. Na esfera do espírito, a tarefa não consiste em se extrair da repetição uma mudança, e procurar sentir-se mais ou menos bem sob a repetição, como se o espírito estivesse numa relação apenas exterior com as repetições do espírito (segundo as quais o bem e o mal alternariam como verão e inverno), mas a tarefa consiste em converter a repetição em algo de interior, na tarefa própria da liberdade, no seu supremo interesse, se ela verdadeiramente pode, enquanto tudo à volta se modifica, realizar a repetição. Aqui desespera o espírito finito. Foi o que Constantin Constantius indicou retraindo-se ele mesmo, e deixando a repetição irromper no jovem em virtude do religioso. Por isso Constantin diz várias vezes que a repetição é uma categoria religiosa, transcendente demais para ele, o movimento por força do absurdo, e se lê na p. 142 que a eternidade é a verdadeira repetição. De tudo isso o Sr. Prof. Heiberg [*] nada percebeu; porém, com o seu saber que é extremamente elegante e claro como sua "dádiva de ano-novo", bondosamente desejoso de auxiliar aquela obra a se tornar uma insignificância de muito bom gosto e elegante, levando com a maior importância a questão até o ponto onde Constantin começa, levando até o ponto em que, para lembrar um livro recente, o Esteta de *Enten-Eller* [**] já a trouxera em *Vexeldriften* [***]. Se Constantin se sentisse realmente lisonjeado de poder gozar da honra singular que o coloca numa companhia inegavelmente tão seleta, então, na minha opinião, após escrever o livro ele deveria ter-se tornado – como diríamos – um maluco estratosférico; mas se, por outro lado, um autor como ele, que escreve para ser mal-entendido, se esquecesse de si mesmo e não tivesse ataraxia suficiente para avaliar como lucro que o Prof. Heiberg não o tenha entendido, então outra vez seria um maluco estratosférico. E isso de certo eu não preciso temer; pois a circunstância de que até agora nada respondeu ao Prof. Heiberg indica suficientemente que ele se compreende a si próprio.

[*] Dramaturgo e crítico de arte que publicava um anuário – de nome *Urânia* – no início de cada ano [N.T.].

[**] *A Alternativa I.* [N.T.].

[***] Um dos ensaios da 1ª parte de *Enten-Eller, Cultura alternada*: título que indica a divisão dos campos de cultivo em vista à aplicação de culturas alternadas [N.T.].

36. por excelência [N.T.].

37. *en Forudsætning, der gaar ud over Individet* tem duas traduções possíveis: uma pressuposição que ultrapassa o indivíduo (*qui dépasse l'individu; that goes beyond the individual; die über das Individuum hinausgeht*) ou então: um pressuposto que recai sobre o indivíduo (no sentido de acarretar consequências em prejuízo deste, como, p. ex., num divórcio que traz prejuízos para os filhos, que os faz sofrer) [N.T. por sugestão de Else Hagelund].

38. A rigor, a expressão usada sempre por SK é "*pecado hereditário*", que nós costumamos chamar pecado original [N.T.].

39. *hæver Vanskeligheden* pode significar: levanta a dificuldade, aumenta-a, supera-a, e até resolve-a. Pode ser sinônimo de *ophæver,* que corresponde à *Aufhebung* hegeliana [N.T.].

40. estritamente [N.T.].

41. *hæve det op,* como no alemão "*hebt es auf*" (cf. *Aufhebung),* com vários sentidos [N.T.].

42. *tilstedeværelse:* a presença de fato, a existência real, o estar aí neste lugar [N.T.].

43. *a qualquer preço* [N.T.].

44. *den Enkeltes Syndighed,* pois o autor aqui e neste contexto não diz *Individ* [N.T.].

45. Filosofia primeira [N.T.].

46. Schelling lembrava essa denominação aristotélica em favor da sua distinção entre filosofia negativa e positiva.

Por Filosofia Negativa entendia a Lógica, isto era bastante claro; em compensação, para mim era menos claro o que ele entendia propriamente pela positiva, salvo, evidentemente, que a Filosofia Positiva era aquela que ele próprio pretendia fornecer. No entanto, não é oportuno alargar-me mais sobre este ponto, pois só posso argumentar com a minha impressão pessoal.

47. *den ethniske,* literalmente: a étnica [N.T.].

48. Constantin Constantius recordou-o ao indicar que a imanência encalha no "interesse". Só mediante este último conceito aparece propriamente a realidade efetiva.

49. *disponerende* [N.T.].

50. a paisagem, como natureza morta; literalmente: "vida parada", "vida em repouso" [N.T.].

51. *reale Mulighed* [N.T.].

52. *ideelle Mulighed* [N.T.].

53. "Dom divino dado de maneira sobrenatural e admirável" [N.T.].

54. Na Holanda, tendência que se verificou no século XVII, dividindo a Dogmática em dois pactos *(foedus):* das ações que antecedem a queda (estado de inocência) e da graça (após a queda) [N.T., cf. nota da tradução francesa de Ferlov-Gateau, edição Gallimard].

55. "Esse pecado hereditário é corrupção de tal maneira profunda e perniciosa da natureza que razão nenhuma o compreende. Deve, ao contrário, ser [conhecido e] crido com base na revelação da Escritura". Cf., em português, os artigos de Esmalcalde, apud: *Livro de concórdia* – As confissões da Igreja Evangélica Luterana. 5. ed. São Leopoldo/Canoas/Porto Alegre: Sinodal/Ulbra/Concórdia, 2006, p. 305ss. Aqui, p. 323. Acrescentamos [conhecido e] para traduzir *"agnoscenda et"*, conforme o verbo *agnosco, ere, ovi, itum* [N.T.].

56. *sin Indignation:* o autor usa e abusa de palavras estrangeiras, forçando um estilo erudito [N.T.].

57. *den Enkeltes Participeren i den.*

58. "pecado do primeiro pai" (a rigor seria com ômega na primeira sílaba: πρωτοπατορικον.

59. Vício de origem (ou: da origem) [N.T.].

60. Pecado original (porque se transmite a partir da origem) [N.T.].

61. Pecado originante e originado. Cf. tb. SCHLEIERMA-CHER, F. *Der Christliche Glaube...* I, §71 [N.T.].

62. Carência da imagem de Deus, perda da justiça original [N.T.].

63. Pena (os adversários pretendem que a concupiscência seja uma pena, não um pecado). *Apologia da Confissão de Augsburgo.* Cf. tb. *Livro da concórdia...* Op. cit., p. 95ss. [N.T.].

64. Vício, pecado, falta, culpa [N.T.].

65. Que a *Formula Concordiae* tenha proibido pensar esta definição é algo que, entretanto, deve ser louvado como uma prova da enérgica paixão com que ela sabe deixar o pensamento colidir com o impensável, energia que é especialmente digna de louvor frente ao pensamento moderno, o qual é demasiado frouxo.

66. *Individet,* expressão empregada as duas vezes nesta linha, diferentemente da nota seguinte [N.T.].

67. Assim, se um indivíduo *(en Enkelt)* pudesse desertar inteiramente do gênero humano, sua baixa haveria de definir simultaneamente o gênero de outro modo, enquanto que, por outro lado, se um animal degenerasse da espécie, a espécie se manteria totalmente indiferente a isso.

68. *Eettal*

69. "Singularismo" seria uma doutrina que insiste em que cada um vale por si, sem relações com os demais; aqui traduz *Eettal,* que literalmente seria a cifra única ou o numeral único. Pelagius (354-425) afirmava que cada um nascia igual a Adão antes deste pecar; Lelio e Fausto Sozzinis, no século XVI, também negavam a hereditariedade do pecado; os filantropos, seguidores do teólogo e pedagogo alemão radicado na Dinamarca J.L. Basedow (1723-1790) defendiam doutrinas de um otimismo rousseauniano da bondade natural de cada indivíduo [N.T.].

70. *og deri igjen Slægtens Historie.*

71. *Cabeça natural, seminal e federal do gênero humano* (os dois primeiros qualificativos pertencem à dogmática luterana e o terceiro à teologia federal, que acentua o pacto ou a aliança entre Deus e o homem [N.T.].

72. *Den anden første Synd:* também poderia ser traduzido como "o segundo primeiro pecado" (o que produziria, é claro, um efeito cômico para o leitor) [N.T.].

73. ou: um pecado no singular; o que interessaria seria a quantidade [N.T.].

74. Aliás, este princípio da relação entre uma determinação quantitativa e uma nova qualidade tem uma longa história. No fundo, toda a sofística grega consistia apenas no estabelecer uma determinação quantitativa, razão pela qual a diversidade máxima estava, para eles, na igualdade e desigualdade (par e ímpar). Na Filosofia mais recente, Schelling tentou primeiro socorrer-se em meras determinações quantitativas para explicar todas as diversidades; mais tarde, reprovou esse mesmo proceder em Eschenmayer (na tese de doutoramento deste). Hegel estabeleceu o salto, porém o estabeleceu na Lógica. Rosenkrantz (em sua *Psicologia)* admira Hegel por isso. No último escrito publicado por Rosenkrantz (sobre Schelling) ele reprova a este e elogia Hegel. Contudo, a infelicidade de Hegel reside justamente em que quer fazer valer a nova qualidade e, contudo, não quer fazê-lo, porquanto pretende fazer isso na Lógica, a qual, uma vez reconhecido este princípio, terá de chegar a uma consciência inteiramente diversa de si mesma e do seu significado.

75. *Geração equívoca ou espontânea,* quando se acreditava, como Tomás de Aquino na *Suma contra os gentios,* Livro IV, cap. X, 3, numa: "geração equívoca, quando os animais nascidos da putrefação são gerados pelo sol" – hipótese derrubada por Louis Pasteur [N.T.].

76. Que importância esses fatores têm como componentes da história do gênero humano, como impulso para o salto sem que consigam explicar o salto, é um outro assunto.

77. *Gehalt*: em alemão, no original [N.T.].

78. *til svævende Misforstaaelsers Opkomst.* Literalmente: para a chegada de equívocos oscilantes [N.T.].

79. *ved ham,* traduzido aqui como "através dele", também vale para: "com ele", "por ele" e até "nele" [N.T.].

80. A questão sempre será a de incluir-se Adão no gênero humano, com o mesmo significado que qualquer outro indivíduo. A Dogmática deveria prestar atenção a isso, especialmente por causa da Redenção. A doutrina de que Adão e Cristo se correspondem mutuamente não explica absolutamente nada e tudo confunde. Analogia pode haver, mas a analogia é imperfeita no conceito. Só Cristo é um indivíduo que é

mais do que indivíduo; mas por isso ele não surge no começo, de jeito nenhum, porém na plenitude dos tempos.

81. A contraposição está enunciada no §1: enquanto a história da humanidade progride, o indivíduo recomeça sempre do começo.

82. *...maa man gjøre Begyndelsen med at glemme, hvad Hegel har opdaget...* o que daria, em alemão, cf. Rosemarie Lögstrup (DTV): *muss man den Anfang damit machen, dass man erst einmal vergisst, was Hegel entdeckt hat...* numa clara referência (irônica?) ao título do capítulo com que o próprio Hegel introduziu a questão do início da *Ciência da lógica: Womit muss der Anfang der Wissenschaft gemacht werden.* De certo modo, para iniciar a Lógica, Hegel também precisou esquecer o trajeto já percorrido na Fenomenologia do espírito [N.T.].

83. *et aandrigt Udtryk.* Outras traduções possíveis: uma expressão engenhosa, inteligente ou espiritual. Note-se que, poucas linhas abaixo, Haufniensis empregará a palavra alemã: *geistreich,* que se traduz por espirituoso, engenhoso, brilhante [N.T.].

84. *ophæves* (voz passiva) corresponde ao alemão *aufgehoben werden/sein,* da *Aufhebung* hegeliana [N.T.].

85. A 2ª parte da frase, referente à Lógica, não deixa totalmente claro quem é o sujeito da pressa [N.T.].

86. *Uskyldighed er Uvidenhed.* Outra tradução possível: inocência é insciência [N.T.].

87. *Begrebet Syndefald:* Der Begriff des Sündenfalls (Schrempf/ Gottsched, Lögstrup), Der Begriff Sundenfall (Rochol); The concept of the fall (Thomte); Le concept de chute (Tisseau). No original dinamarquês e no alemão emprega-se o substantivo composto (de queda e pecado: "pecado como queda" ou "a queda no pecado") que o dicionário *Dansk-Spansk* (Gyldendals røde ordbøger) traduz como "la caída del primer hombre", enquanto o *Langenscheidt* traduz do alemão simplesmente para "pecado original ou de Adão" [N.T.].

88. *...i den Enkeltes Uvidenhed:* aqui Haufniensis não diz *"Individets"* [N.T.].

89. SV3 Bd. 6 e SKS Bd. 4 divergem aqui: SKS diz "om", mas seguimos (com as demais traduções) a SV3 que diz "som" [N.T.].

90. Rm 3,19.

91. *...var mere end Individ.*

92. *...forklare hen til Forklaringen:* explicar como se chega à explicação, ou onde se poderá encontrar a explicação [N.T.].

93. Obra de Leonhard Usteri (1799-1833, teólogo e pedagogo protestante suíço, discípulo de Schleiermacher), publicada originalmente em Zurique em 1824, e que SK possuía em tradução dinamarquesa de 1839 [Ktl. 850]. Várias traduções vertem *Lærebegreb* (Lehrbegriff) por "doutrina", simplesmente, quando parece que o literal seria "conceito de doutrina" [N.T.].

94. O que Fr. Baader*, com a sua costumeira energia e autoridade, desenvolveu em vários escritos a respeito da importância da tentação para a consolidação da liberdade e também sobre o que há de equivocado em conceber-se a tentação unilateralmente como tentação para o mal, ou como aquilo cuja determinação consiste em fazer o homem cair – uma vez que antes se deve encarar a tentação como o necessário Outro da liberdade – qualquer um que queira pensar sobre a presente questão tem, naturalmente, de conhecer. Não é necessário contá-lo aqui mais uma vez, os escritos de Fr. Baader estão por aí, disponíveis. Desenvolver mais detalhes de seu pensamento é coisa que não dá para fazer aqui, porque me parece que Fr. Baader negligenciou determinações intermediárias. A transição da inocência para a culpa somente pelo conceito de tentação coloca facilmente Deus em uma relação quase de experimentador com o homem, e perde de vista a observação psicológica que está de permeio, posto que, afinal, a determinação intermediária vem a ser a *concupiscentia,* e constitui finalmente uma consideração dialética, mais do que uma explicação psicológica pormenorizada do conceito da tentação.

* Cf. *Vorlesungen... über religiöse Philosophie im Gegensatze der irreligiösen älterer u. neuerer Zeit.* Heft 1. Munique, 1827 [Ktl. 395], §35, e *Fermenta Cognitionis,* Berlim, 1822-1824 [Ktl 394], de Franz X. von Baader, filósofo católico, 1765-1841 [N.T.].

95. Rei Cambises, numa batalha de 527 a.C. [N.T.].

96. *Syndefaldet*

97. Cf. *Confessio Augustana* I, II, 1 e *Apologia Confessionnis...,* II, 2ss., e Usteri, op. cit. [N.T.].

98. *Competence*

99. "Todos os homens, propagados segundo a natureza, nascem em pecado, isto é, sem temor de Deus, sem confiança em Deus e com concupiscência". *Confessio Augustana*, I, II, 1-2. (Da Confissão de Augsburgo, de 1530, há tradução do latim no *Livro de Concórdia* – As confissões da Igreja Evangélica Luterana. 6. ed. revisada e atualizada. São Leopoldo/Canoas/ Porto Alegre: Sinodal/Ulbra/Concórdia, 2006, aqui, p. 64. Cf. tb. a tradução do alemão desta passagem em op. cit., p. 29).

100. ...*maa ikke besnakke Pointen*: esquecer ou perder o aspecto crucial em conversas e rodeios [N.T.].

101. O título deste parágrafo, igual ao do próprio livro, diz, simplesmente, "O conceito angústia" – sem o possessivo (de), com o que o autor acentua que a angústia de que fala constitui um conceito. Em nosso idioma usamos geralmente a expressão no possessivo, de modo mais nominalista: a angústia seria uma coisa e o seu conceito outra [N.T.].

102. ...*bryder Staven over alle katholsk-fortjenstlige Phantasterier*: literalmente "quebra o bastão sobre..." no sentido de decidir uma condenação [N.T.].

103. *Ufred,* discórdia, o contrário de *Fred*: paz [N.T.].

104. *Men hvilken Virkning har Intet?* O autor não utiliza nenhum artigo antes da palavra "nada", por isso não há que seguir o francês Tisseau, que menciona "le rien" e "ce rien". Em compensação, a frase seguinte exigirá um sujeito (impessoal) em dinamarquês *(Det* føder Angest), em alemão *(Es* erzeugt Angst/Es gebiert Angst), em inglês *(It* begets anxiety) e até em francês (Il engendre l'angoisse), sendo que este último acrescenta um artigo também para a angústia. – Neste caso, nosso idioma permite a forma mais concisa [N.T.].

105. *mellen mig selv og mit Andet*: também se poderia traduzir como: "entre mim mesmo e meu outro" [N.T.].

106. *Angest er Frihedens Virkelighed som Mulighed for Muligheden.* Outra tradução possível: A angústia é a realidade da liberdade enquanto possibilidade para a possibilidade [N.T.].

107. ...*skal komme til sig selv.* Literalmente: "deve chegar a si mesma, deve voltar a si" [N.T.].

108. A este respeito pode-se consultar *Enten-Eller* (Copenhague, 1843), especialmente se se atenta ao fato de que a primeira parte é esse estado da melancolia, com sua sim-

patia e seu egoísmo prenhes de angústia, e que se explica na segunda parte.

109. No sentido de "uma companhia à sua altura" [N.T.].

110. Com isso nada está decidido no que toca à imperfeição da mulher em relação ao homem. Embora a angústia seja mais própria dela do que do homem, angústia não é, de maneira alguma, um sinal de imperfeição. Se há que falar de imperfeição, esta reside num outro ponto, ou seja: no fato de que ela, na angústia, prefere pendurar-se em outro ser humano, no homem.

111. Se aí me retrucarem que isso se transforma numa questão de sabermos como o primeiro homem aprendeu a falar, então eu direi que a objeção é inteiramente verdadeira, porém, ao mesmo tempo, que ela fica fora do âmbito de toda esta pesquisa. Isso não deve ser mal interpretado, porém, como se, com minha resposta evasiva, conforme os costumes da filosofia moderna, eu ao mesmo tempo quisesse dar a impressão de que *seria capaz* de responder à questão num outro lugar. Mas ao menos uma coisa fica assentada: não adianta supor que o próprio homem tenha inventado a linguagem.

112. *volente deo*: se Deus quiser, ou: com a ajuda de Deus; no Brasil ainda se diz, literalmente: "Deus querendo..." [N.T.].

113. Tg 1,13-14. "Ninguém, sendo tentado, diga: sou tentado por Deus; pois Deus não pode ser tentado pelo Mal e a ninguém tenta. Porém cada qual é tentado quando atraído e iludido pela sua própria concupiscência" [N.T.].

114. R. Thomte, na tradução de Princeton, lembra que Santo Agostinho, na *Cidade de Deus*, XIV, 23, discutia a questão se teria havido procriação no paraíso, caso ninguém tivesse pecado, e que então, seguindo Jacob Böhme, Franz Baader sugeria a possibilidade da natureza andrógina no ser humano antes da queda [N.T.].

115. *...kun at den dog ikke var, fordi den ikke er i Uvidenhed*: Literalmente: só que ela contudo não era (existia), porque ela não é (subsiste) na ignorância. Nos parênteses propomos fórmulas mais aceitáveis em nosso idioma [N.T.].

116. Cf. Gn 2,25: "Ora, os dois estavam nus, o homem e sua mulher, e não se envergonhavam" [N.T.].

117. *Forskjellighed*

118. Differents

119. Cf. Mt 22,30: "Com efeito, na ressurreição, nem eles se casam e nem elas se dão em casamento, mas são todos como os anjos no céu" [N.T.].

120. *Tankeløshed*

121. *gaaer over til Virkelighed*

122. *hildet,* complicada [N.T.].

123. *Tanke-Uting*

124. *Logisk at ville*

125. Personagem dos *Contos populares de Grimm,* que ficava imaginando coisas horríveis que poderiam acontecer no futuro [N.T.].

126. *ind i den Enkelte som den Enkelte*

127. *grublende*

128. O autor alude, aqui, a uma anedota corrente em Copenhague à sua época. Soldine era um livreiro que, certo dia, estava empoleirado em uma escada à procura de um livro; um cliente entrou na sua loja e pôs-se a falar com Rebeca, mulher do livreiro, em voz extraordinariamente semelhante à deste. Soldine virou-se então para Rebeca e perguntou-lhe: "Rebeca, quem está falando sou eu?" [N.T.].

129. *Angest som Arvesunden progressivt:* muito literalmente, "angústia como o pecado hereditário (visto) progressivamente". *L'angoisse dans l'évolution du péché héréditaire; Anxiety as Explaining Hereditary Sin Progressively; Angst als die Erbsünde progressive verstanden.* A tradução francesa perde a identificação da angústia com o pecado ("como"); a americana e as alemãs precisam explicitar um verbo para o advérbio.

130. Cf. Rm 8,19.

131. ...envergonhará – desenvoltura: trocadilho com "*genere sig*" e "*æsthetiske Ugeneerthed*" [N.T.].

132. Cf. Lc 18,11 [N.T.].

133. *bevist notarialiter:* fato registrado em cartório, atestado por escrivão público [N.T.].

134. *Facticitetens Autoritet*

135. *Myndighed:* (*Magt*), poder, autoridade, competência [N.T.].

136. *det Forborgne:* em alemão *das Verborgene,* o oculto, o escondido, o dissimulado [N.T.].

137. *i Individet*

138. Cap. IV

139. *den Enkeltes*

140. *Individs*

141. *Individ*

142. *som den Enkelte*

143. *Individ*

144. *i den ikke-menneskelige Tilværelse.* Outra tradução possível: na vida não humana [N.T.].

145. *apokaradokía tès ktíseos:* "a ardente expectativa da criação" [N.T.].

146. *Forlængsel.* Outra tradução: expectativa ansiosa [N.T.].

147. Com efeito, é assim que a Dogmática deve ser estabelecida. Cada ciência, antes de mais nada, tem de apreender energicamente o seu próprio começo, e não viver em relações difusas com outras. Se a Dogmática começa por querer explicar a pecabilidade ou por querer demonstrar a realidade efetiva desta, então daí não surgirá jamais alguma Dogmática, toda a existência dela permanecerá problemática e oscilante.

148. *i Forhold til Individet*

149. No próprio Schelling bastante frequentemente trata-se de angústia, cólera, tormento, sofrimento, etc. Convém, contudo, sempre encarar tais coisas com um pouco de desconfiança, para não confundir a consequência do pecado na criação com aquilo que isso também pode designar em Schelling, estados e tonalidades afetivas em Deus. Com efeito, com essas expressões ele designa as dores da divindade e, se ouso assim dizer, dores do Criador. Com expressões figuradas ele designa o que ele mesmo em parte chamou também de o *negativo,* e o que em Hegel na palavra negativo vem a ser determinado mais proximamente como *o dialético* (το ἕτερον – "o outro"). A ambiguidade se mostra também em Schelling, pois ele fala de uma melancolia *(Melancholie)* que se espalhou pela natureza e, ao mesmo tempo, de um ânimo deprimido *(Tungsind =* melancolia) na divindade. Contudo, o pensamento capital em Schelling consiste principalmente no seguinte: que a angústia, etc. designa principalmente os sofrimentos do divino para chegar a criar. Em Berlim, ele expressava ainda mais determinadamente o mesmo, ao comparar Deus com

Goethe e Joh. v. Müller, que só se sentiam bem quando produziam, e ao lembrar ao mesmo tempo que uma tal felicidade espiritual que não consegue se comunicar é infelicidade. Isso eu menciono aqui porque essa expressão dele já foi impressa num folheto de Marheinecke. Marheinecke pretende ironizá-lo. Não se deveria fazê-lo; pois um antropomorfismo vigoroso e "puro sangue" tem lá o seu valor. O erro, entretanto, é um outro, e aqui se pode ver um exemplo de quão esquisito tudo se torna quando a Metafísica e a Dogmática são distorcidas na medida em que a Dogmática é tratada metafisicamente e a Metafísica dogmaticamente.

150. O termo *alteração* exprime razoavelmente bem a ambiguidade. Diz-se, com efeito, alterar no sentido de modificar, distorcer, tirar de seu estado original (a coisa se torna algo de diferente), mas também se diz ficar alterado no sentido de ficar assustado, justamente porque essa é no fundo a primeira e inevitável consequência. Até onde eu sei, o falante do latim simplesmente não usa esta palavra, mas diz, curiosamente, *adulterare*. Os franceses dizem *altérer les Monnaies* e *être altéré*. Entre nós, emprega-se a palavra no falar cotidiano somente no significado de ficar assustado, e assim pode-se ouvir o homem comum *(den menige Mand)* dizer: "Fiquei completamente alterado". Pelo menos eu já ouvi uma vendedora de rua dizer isso.

151. *et Natur-Philosophem*, ou seja: um filosofema da cosmologia [N.T.].

152. *Individet*

153. *levende communicerer*

154. *Uskyldighedens Uvidenhed*, ou: a ignorância da inocência [N.T.].

155. no sentido rigoroso da palavra [N.T.].

156. Autor de *Jeppe paa Bierget* e de *Erasmus Montanus eller Rasmus Berg* (1731), o comediógrafo L. Holberg produz uma ambiguidade na palavra Montanha (Bjerg, Bierg ou Berg), valendo esta ora como o interior, de onde vem o bêbado Jeppe, ora como as alturas da sociedade (Jeppe, quando acorda no castelo, na cama do Barão, diz que é verdadeiramente o "Jeppe da Montanha", isto é, sente-se "por cima", ou "nas alturas"). Em *Erasmus*, Elisabeth, filha de Jerônimo, diz que sempre acreditaram ser a terra plana, *"her paa Bierget"* ("aqui

em cima"). A montanha adquire a conotação de pessoas que estão por cima, pessoas elevadas, classe intelectual dominante. Como não há propriamente montanhas na Dinamarca, a palavra não pode ser tomada ao pé da letra [N.T.].

157. *paa Bjerget*

158. Evidentemente, isto apenas é válido para a humanidade, porque o indivíduo se determina como o espírito; ao contrário, nas espécies animais, todo o exemplar que vem depois tem tanto valor quanto o primeiro ou, dito mais corretamente, aqui ser o primeiro não significa absolutamente nada.

159. Na *Crítica do juízo*, de 1790, ao diferenciar o belo e o sublime, Kant caracterizava a mulher pela beleza e o homem pela sublimidade [N.T.].

160. *Sorgløshed*, literalmente: ausência de cuidados, aflições ou preocupações [N.T.].

161. *Sorg*, literalmente: tristeza, dor, luto, aflição [N.T.].

162. *fra det Sædelige*

163. *Schaam*

164. "télos", fim [N.T.].

165. *det Hvilende*

166. *Elskoven*

167. *constituerende Synthesen*

168. Por isso: *derfor;* para isso: *herfor*. As edições dinamarquesas divergem quanto a esta última passagem: SV3 e os tradutores em geral supõem que o autor escreveu "*herfor*", ou seja, "para isso" (que entretanto também poderia significar "por isso"), enquanto SKS4 segue a versão "*derfor*", ou seja, "por isso". SKS pretende ser a edição mais crítica, mais fiel. Mas a frase fica mais arredondada na primeira hipótese [N.T.].

169. Haufniensis cita errado o alemão, ao escrever entre parênteses "*wiederspruch*" [N.T.].

170. *et modbydeligt borneret Philisterie*. O filisteu (expressão típica do século XIX), no sentido figurado, representa, conforme o *Pequeno Dicionário Brasileiro da Língua Portuguesa*, o "burguês de espírito vulgar e estreito". Haufniensis é até redundante ao reforçar sua repugnante "tacanhice" (em alemão, *Borniertheit*). Segundo o mesmo PDBLP, o tacanho é estúpido e "não tem largueza de vistas nas suas ideias". Sobre Xenofonte, cf. *O conceito de ironia*.

171. É assim, também, que se deve compreender o que Sócrates comenta para Critóbulo a respeito do beijo. Que era impossível que Sócrates pudesse falar tão a sério, de modo tão patético, dos perigos do beijo, eu creio que está claro para todos, e também que ele não era um cordeirinho tímido, incapaz de olhar uma mulher. É certo que o beijo, nos países mais ao sul, e entre os povos mais apaixonados, significa algo mais do que aqui no Norte (a propósito disso, confira-se o que diz Puteanus em carta a Joh. Bapt. Saccum: *Nosciunt nostræ virgines ullum libidinis rudimentum oculis aut osculis inesse, ideoque fruuntur. Vestræ sciunt* [Nossas donzelas (isto é, as flamengas) não sabem que se encontra nos olhares e nos beijos um início de libido, e por isso desfrutam deles. As vossas (isto é, as italianas) o sabem]. Cf. Kempius *Dissertatio de osculis,* apud Bayle), mas, não obstante, não parece próprio de Sócrates – nem como irônico nem como moralista – falar desta maneira. Pois, quando se exagera nas tintas como moralista, isso desperta o desejo, e tenta o discípulo a quase a contragosto ironizar o mestre. A relação de Sócrates com Aspásia mostra a mesma coisa. Ele a frequentava, sem qualquer preocupação com a vida ambígua que ela mantinha. Buscava somente instruir-se ao lado dela (Athenæus), e parece que Aspásia tinha talento para tanto, pois se conta que os maridos levavam suas esposas à casa de Aspásia somente para que se instruíssem com ela. Se, ao contrário, Aspásia tivesse tido a intenção de o seduzir com sua beleza, Sócrates não deixaria, indubitavelmente, de lhe explicar que devemos amar as feias e que não valeria a pena forçar ainda mais as suas graças, porque, para tais finalidades, a ele, Sócrates, bastava Xantipa. (Cf., em Xenofonte, a narrativa do que Sócrates pensava a respeito de sua relação com Xantipa.) – Dado que, infelizmente, sempre de novo se repete que se leia tudo com ideias preconcebidas, não é de admirar que todo mundo tenha uma certa noção de que um cínico é um homem quase dissoluto. Contudo, deveria ser possível achar também aqui justamente um exemplo dessa concepção do erótico como o cômico.

172. Por estranho que possa parecer a quem não está acostumado a observar com audácia os fenômenos, há, não obstante, uma completa analogia entre a concepção irônica do erótico enquanto o cômico, de Sócrates, e a atitude de um monge a respeito das *mulieres subintroductae*. O abuso só interessa, naturalmente, àquele que fareja abusos.

173. Embora a *Psicologia* de Rosenkranz (aqui imitada) diferencie raças superiores e inferiores (branca, negra e vermelha), Haufniensis se refere a diferenças culturais, pois senão quanto mais natural, mais perfeita a tribo seria. Ele fala da angústia como uma perfeição da natureza: ora, o aperfeiçoamento da natureza é sempre cultural [N.T.].

174. *i det enkelte Individ*

175. *snakke sig fra:* ou seja, livrar-se de algo problemático desconversando, escapar fugindo do assunto, "levando na conversa" [N.T.].

176. *hvert enkelt Individ*

177. *"É de ti mesmo que a história fala."*

178. *det enkelte Individ*

179. Cf. HEGEL. *Wissenschaft der Logik,* livro 1, seção I, cap. II C b (Jub. Ausg. IV 273s.).

180. *Det høieste Mere:* adotamos aqui o correspondente latino de *mais* (*plus*), para evitar a formulação redundante "O *mais* mais extremo..." [N.T.].

181. *Drift,* instinto, pode significar também apetite ou pulsão. Corresponde, em alemão, a *Trieb* [N.T.].

182. *Frihedens Visen-sig-for-sig-selv i Mulighedens Angest.*

183. *det Enkelte*

184. *den Enkelte*

185. *den Enkelte*

186. *Selv,* eu mesmo [N.T.].

187. *det Selviske*

188. *det Enkelte*

189. *det Enkelte*

190. Selv'er

191. Isso bem merece ser examinado mais de perto; pois é exatamente neste ponto que se deve mostrar até onde vigora o princípio moderno de que pensamento e ser são um só – quando não se prejudica isso por mal-entendidos inoportunos e em parte tolos, mas, por outro lado, não se deseja de jeito nenhum ter um princípio supremo que obrigue à irreflexão. Somente o geral [*det Almene*] é por estar sendo pensado e por se deixar pensar (não apenas de modo experimental, pois o que é que não se consegue pensar?) e é do modo

como se deixa pensar. O ponto-chave da particularidade [*Pointen i det Enkelte*] está, exatamente, no seu relacionar-se negativamente com o geral, sua irredutibilidade; mas, tão logo a irredutibilidade é excluída do pensar, o particular é suprimido, e tão logo é pensada, é transformada, de modo que ou não a pensamos, mas só imaginamos fazê-lo, ou a pensamos, e apenas presumimos que foi incluída no pensamento.

192. A sentença latina *unum noris omnes* (*conhecendo um, conheces todos*) expressa de modo ligeiro o mesmo, e expressa verdadeiramente o mesmo sempre que se entende por *unum* o próprio observador, e não se espiona curiosamente *omnes*, mas se concentra seriamente naquele *Um* que é realmente todos. Geralmente, não se acredita nisso, e acha-se até que seria demasiado orgulhoso; a razão disso está antes decerto em que se é por demais covarde e comodista para ousar compreender, e adquirir a compreensão do verdadeiro orgulho.

193. *Drift*

194. *Drift:* pulsão

195. serenidade, típica do paganismo; no contexto nietzschiano também traduzida por "jovialidade" [N.T.].

196. *Overgangen:* um conceito central para a filosofia hegeliana, em alemão, *der Übergang* [N.T.].

197. *frisk væk*

198. Quando Aristóteles diz que a passagem da possibilidade para a realidade é *um* χινησις [movimento] não devemos, portanto, entender logicamente, mas sim no sentido da liberdade histórica.

199. Ora, o instante é concebido por Platão de modo puramente abstrato. Para nos orientarmos na dialética do instante, convém que nos demos conta de que o instante equivale ao não ente na determinação do tempo. O não ente (το μη ου; *to xevov* nos pitagóricos) ocupou a filosofia da Antiguidade bem mais do que a moderna. O não ente era entendido ontologicamente pelos eleatas, de tal modo que o que se enunciava sobre ele só se enunciava no contrário, de que só o ente é. Se quisermos persegui-lo mais adiante, veremos que ele reaparece em todas as esferas. Em termos de propedêutica metafísica, a fórmula ficou expressa assim: quem enuncia o não ente, não diz absolutamente nada. (Tal equívoco é combatido no *Sofista* e, de modo mais mimético, já no *Górgias,* diálo-

go anterior.) Por fim, nas esferas práticas, os sofistas utilizavam o não ente de modo a eliminar por meio dele todos os conceitos dos bons costumes [*saedelige*]: o não ente não é, *ergo* tudo é verdadeiro, *ergo* tudo é bom, *ergo* o engano, etc., absolutamente não existem. Sócrates combate isso em vários diálogos. Contudo, Platão o tratou de maneira especial no *Sofista*, o qual, como todos os diálogos de Platão, demonstra artisticamente o que ele mesmo vai pondo como doutrina; pois o sofista, cuja definição e conceito o diálogo busca enquanto discute principalmente o não ente, é, ele próprio, um não ente, e, desse modo, o conceito e o exemplo vão nascendo simultaneamente nesta guerra em que se combate o sofista, e que termina não com o seu aniquilamento, mas com seu vir a ser, o que para ele significa a pior de todas as coisas, que de fato, apesar de sua sofística, que consegue torná-lo invisível tal como a armadura de Marte, não obstante tudo isso, ele é forçado a aparecer. Na filosofia mais recente não se fez absolutamente nenhum progresso essencial na concepção do não ente, e isso, não obstante a gente achar que é cristã. A filosofia grega e a moderna posicionam-se assim: tudo gira ao redor do problema de fazer o não ente ser algo, pois eliminá-lo ou fazê-lo sumir parece demasiado fácil. A visão cristã posiciona-se assim: o não ente está em todo canto como o nada de que tudo foi criado, como ilusão e vaidade, como pecado, como sensualidade afastada do espírito, como temporalidade esquecida da eternidade; por isso, tudo o que importa é eliminá-lo para que o ente venha à luz. Só nessa perspectiva, o conceito de reconciliação é entendido de modo historicamente correto no sentido em que o cristianismo o trouxe ao mundo. Se a concepção toma o rumo inverso (o movimento partindo de que o não ente não existe), volatilizamos a redenção e a viramos pelo avesso. – É no *Parmênides* que Platão apresenta o "*instante*". Esse diálogo ocupa-se com provar a contradição nos próprios conceitos, o que Sócrates consegue expressar com tanta nitidez que não há razão para a velha e bela filosofia grega se encabular, mas, pelo contrário, poderia servir para envergonhar uma filosofia gabarola de hoje, que não se coloca, como a grega, grandes exigências para si mesma, mas para os homens e a admiração desses. Sócrates observa que não seria algo de prodigioso se alguém pudesse demonstrar o contraditório (το εναντιον) numa coisa particular que participa da diversidade; mas, se alguém estivesse em condições de mostrá-la nos próprios conceitos, aí sim estaria algo para admirar. (αλλ' ει ό εστιν έν αυτο τουτο πολλα αποδειζει και αυ τα πολλα δη έν, τουτο ηδη θαυμασομαι. και περι των αλλων άπαντων ώσαυτος. §129. B.C. / "mas que se possa demonstrar que o conceito de Uno equivale a muitos, e, de modo inverso, que muitos equivalem a Uno, aí está o que causará espanto; e o mesmo com relação a qualquer conceito".) O método, contudo, é a dialética experimental. Aceita-se que a unidade (το 'εν) é e que ela não é, e mostra-se então quais as consequências para o respectivo conceito e para tudo o mais. O instante mostra-se agora como aquele ente raro (ατοπον, o termo grego aqui é excelente) que se encontra entre movimento e repouso sem ser algo no tempo, e para ele e a partir dele o que se move vira repouso, e o que está em repouso vira movimento. O instante torna-se por isso a categoria da passagem, pura e simplesmente (μεταβολη); pois Platão mostra que o instante está presente do mesmo modo na passagem do Uno ao múltiplo e do múltiplo ao Uno, do semelhante ao dessemelhante, etc.; é o instante, no qual não há nem έν nem πολλα, e no qual o uno nem se define nem se confunde (ουτε διακρινεται ουτε ξυγκρινεται §157 A.). Em todas essas considerações, Platão teve o mérito de ter visto com clareza a dificuldade, mas o instante torna-se, contudo, uma silenciosa abstração atomística que não fica esclarecida, de jeito nenhum, só porque a ignoramos. Se então a Lógica declarar que ela não dispõe [*ikke har*] da *passagem* (e se ela dispuser dessa categoria, esta terá, é claro, de encontrar seu lugar no próprio sistema, embora, ao mesmo tempo, opere no sistema), aí se tornará ainda mais claro que as esferas históricas e todo o saber que se fundamenta sobre uma pressuposição histórica incluem [*har*] o instante. Esta categoria é da maior importância para tirar conclusões opostas [*for at slutte mod*] à filosofia pagã e a uma especulação igualmente pagã dentro do cristianismo. No diálogo *Parmênides*, um outro trecho mostra a consequência de ser o instante uma tal abstração. Quando a unidade é posta como tendo a determinação do tempo, logo se mostra como aqui aparece a contradição de que a unidade (το έν), torna-se mais velha e mais jovem do que ela mesma ou do que a multiplicidade (τα πολλα) e então, por sua vez, nem mais jovem e nem mais velha do que ela mesma ou do que a multiplicidade (§151E). Entretanto, a unidade deve ser, é o que está dito ali, e define-se então o 'ser' da seguinte maneira: participação numa essência ou numa essencialidade no tempo presente (το δε ειναι αλλο τι εστι η μεθεζις ουσιας μετα χρονου του παροντος §151E). Na exposição mais detalhada das contradições, mostra-se então que o presente (το νυν) vacila entre significar o presente, o eterno, o instante. Este *Agora* (το νυν) encontra-se entre "era" e "será", e a unidade não pode, ao progredir do que passou para o que virá, pular por cima do *Agora*. Ela se imobiliza, portanto, dentro do *Agora* [*inde i Nu'et*], não se torna mais velha, mas é mais velha. Na filosofia mais recente, a abstração culmina no ser puro; mas o ser puro é a expressão mais abstrata da eternidade e é, como nada, justamente de novo o instante. Aqui se mostra mais uma vez quão importante é o "instante", pois só com esta categoria se consegue dar à eternidade o seu significado [*sin Betydning*, sua importância], na medida em que a eternidade e o instante se tornam os opostos mais extremos, enquanto que, de resto, a bruxaria dialética faz a eternidade e o instante significarem o mesmo. Só a partir do cristianismo dá para compreender sensualidade, temporalidade e o instante, exatamente porque apenas com o cristianismo a eternidade se torna essencial.

200. Apelido popular para uma carroça com bancos laterais, sem conforto, usada então para levar a população mais pobre ao parque. Moído significa também cansado, fatigado [N.T.].

201. Isso, de resto, é o espaço. Quem for mais exercitado reconhecerá facilmente neste ponto a prova de que a minha exposição estava correta, pois tempo e espaço são inteiramente idênticos para o pensamento abstrato (*nacheinander e nebeneinander*) e se tornam tais para a representação, e são de verdade assim na definição de Deus que o declara *onipresente*.

202. *Fortgaaen*

203. *det Fyldige*

204. *Øieblikket*

205. *Øiets Blik*

206. *skjebnesvangre*, prenhe de destino [N.T.].

207. É curioso que a arte grega culmine na plástica, que justamente carece do olhar. A razão fundamental disso está,

entretanto, em que os gregos não entendiam o conceito de espírito na sua compreensão mais profunda e, por isso, muito menos, no sentido mais profundo, a sensualidade e a temporalidade. Que tremendo contraste com o fato de que no cristianismo se represente figurativamente Deus como um olho.

208. No Novo Testamento encontra-se uma perífrase poética do instante. Paulo afirma que o mundo perecerá εν ατομω και εν ριπη οφθαλμου – "*num instante, num piscar de olhos*" (1Cor 15,52). Com isso ele exprime também que o instante é comensurável com a eternidade, pois, com efeito, o instante em que o mundo acaba exprime, no mesmo instante, a eternidade. Permitam-me tornar visível o que quero dizer, e perdoem-me caso encontrem na comparação qualquer coisa de chocante. Aqui em Copenhague estiveram certa vez dois atores, que talvez nem suspeitassem que de sua atuação também se poderia extrair algum significado mais profundo. Eles entraram em cena, posicionaram-se um diante do outro e aí começaram a representar por mímica um ou outro conflito passional. Quando então a ação mimética chegava ao máximo e os olhos dos espectadores acompanhavam a história, na expectativa do que viria a seguir, interromperam de súbito e ficaram imóveis, petrificados na expressão mímica instantânea. O efeito disso pode ser de máxima comicidade, pois o instante se tornava, por uma casualidade, comensurável ao eterno. O efeito da plasticidade baseia-se em que a expressão eterna expressa-se justamente de um modo eterno; a comicidade, pelo contrário, se baseava no eternizar-se uma expressão casual.

209. *hiint Tvetydige*

210. *afskærer*

211. *gjennemtrænger*

212. *Omgængelse,* comércio/convivência

213. *en Gaaenforbi*

214. Considere-se aqui mais uma vez minha categoria preferida, a repetição, por meio da qual se adentra a eternidade andando para frente.

215. *som Aandens (Frihedens) Mulighed:* como possibilidade do espírito (da liberdade)... As duas palavras no genitivo valem aqui como sinônimos; possibilidade do espírito é o mesmo que possibilidade da liberdade [N.T.].

216. *det Eviges (Frihedens) Mulighed:* a possibilidade do eterno (da liberdade)... Vale aqui o mesmo como na nota anterior: o eterno e a liberdade são tomados como sinônimos; não há subordinação gramatical [N.T.].

217. Da determinação da temporalidade como pecaminosidade segue, por sua vez, a morte como castigo. Isto é um *Avancement* "progresso", cuja analogia, *si placet* "se quisermos", pode-se encontrar no fato de a morte, até como fenômeno exterior, anunciar-se tanto mais terrível quanto mais perfeita é a estruturação orgânica. Assim, enquanto o morrer e a decomposição de uma planta espalham fragrância quase mais deliciosa do que seu hálito temperado, a decomposição de um animal empesta o ar. Num sentido mais profundo vige que quanto mais se valoriza o ser humano, mais terrível é a morte. O animal não morre, propriamente; mas quando o espírito está posto como espírito, a morte se mostra como o terrível. Por isso é que a angústia da morte equivale à angústia do parto, sem que eu queira, contudo, repetir aqui o que, em parte com verdade e em parte só espirituosamente, em parte com entusiasmo, em parte num tom frívolo, tem-se afirmado que a morte é uma metamorfose. No momento da morte, o homem encontra-se na ponta mais extrema da síntese; o espírito não pode, por assim dizer, estar presente, pois ele não pode morrer, e contudo deve esperar, pois o corpo, este sim, deve morrer. A visão pagã da morte – tal como sua sensualidade era mais ingênua e sua temporalidade sem maiores cuidados – era mais amena e mais graciosa, porém carecia do mais elevado. Ao lermos o belo tratado de Lessing* a respeito do modo como a arte antiga representava a morte, não poderemos negar que nos emocionamos num clima de agradável melancolia diante do quadro daquele gênio adormecido ou diante da bela solenidade com que o anjo da morte [*Dødens Genius*] inclina sua cabeça e extingue o facho. Há, se assim o quisermos, algo de indescritivelmente convincente e tentador em nos confiarmos a um tal guia, que está reconciliado como uma recordação em que nada se recorda. Mas por outro lado também é desconfortável seguir esse guia silencioso, pois ele não oculta nada, sua figura nada tem de incógnito; tal como ele é, assim é a morte, e com isso tudo passou. Uma insondável melancolia reside na representação desse anjo com sua amável figura inclinando-se sobre o moribundo e extinguindo com o bafejo do último beijo a última centelha de vida,

enquanto o vivido pouco a pouco já desapareceu e só restou a morte como o mistério que, ele mesmo inexplicado, explicou que a vida inteira era uma brincadeira, e o desfecho: que todas as coisas, as maiores e as menores, vão-se embora como as crianças da escola, e por último a própria alma, como o mestre-escola. Mas aí reside também o silêncio do aniquilamento, pois tudo não passava de um brinquedo de crianças e agora a brincadeira acabou.

(* *Wie die Alten den Tod gebildet. Eine Untersuchung,* 1769 [N.T.]).

218. O que foi desenvolvido aqui também poderia encontrar seu lugar no cap. I. Contudo escolhi colocá-lo aqui, porque ele conduz especialmente ao que vem a seguir.

219. *det Modsatte:* o oposto, o contrário, o contraposto. O autor utiliza o adjetivo substantivado, como se encontra tantas vezes em Kierkegaard e mesmo em Platão [N.T.].

220. *thi i samme Øieblik som den er det Nødvendige.* Esta frase permitiria outras traduções, pois à primeira vista parece dizer que o mesmo instante é também o seguinte, o que não é claro, mas, como Haufniensis é leitor atento do *Parmênides* de Platão, nem sempre a explicação mais simples será a mais correta [N.T.].

221. *det Modsatte*

222. *den Enkelte som den Enkelte*

223. *Skjebnens Consequents netop er Inconsequents.* Liter.: A consequência do destino é inconsequência, justamente. Sacrificamos o trocadilho porque em português tender-se-ia a entender a palavra "consequência" não no sentido daquela lógica que leva das premissas à conclusão, mas apenas como sinônimo de "resultado" [N.T.].

224. *kun at jage Livet af sig selv og sin Næste og af Øieblikket – sin Jagen efter Øieblikket*

225. Entre os gregos, a questão da religiosidade não podia aparecer desse modo. Entretanto, é bonito de ler o que Platão numa certa passagem narra e aplica. Quando Epimeteu terminou de dotar o homem com todas as espécies de dons, indagou a Zeus se não deveria agora distribuir o dom da escolha entre o bem e o mal, do mesmo modo pelo qual repartira os outros, de modo que um só homem o recebesse, assim como um recebera o da eloquência, outro o da poesia,

um terceiro o da arte. Zeus, porém, respondeu que tal dom deveria ser repartido igualmente entre todos, porque pertencia a cada um de maneira igualmente essencial.

226. *en Lykkens Pamphilius*

227. Entretanto, não se pode esquecer que a analogia aqui é incorreta, na medida em que não temos a ver com a inocência no indivíduo posterior, e sim com a consciência do pecado reprimida.

228. *da han ved sig selv synker sammen for sig selv ved Skjebnen*

229. *uberettiget.* Outras traduções: ilegítima, injusta, injustificada [N.T.].

230. O problema: "o que é o bem" é um problema que se impõe cada vez mais ao nosso tempo, porque tem importância decisiva para a questão da relação entre Igreja, Estado e o moralmente correto [*det Sædelige*]. Temos que ser cuidadosos, entretanto, na resposta. O verdadeiro teve, até agora, estranhamente, a preferência, na medida em que a trilogia do belo, do bem e do verdadeiro foi concebida e apresentada no âmbito do verdadeiro (no conhecimento). O bem nem se deixa definir. O bem é a liberdade. Só para a liberdade ou na liberdade há a diferença entre bem e mal, e esta diferença jamais aparece *in abstracto,* porém só *in concreto.* Daí provém o que perturba quem não é tão experiente no método socrático quando este de um instante para outro reconduz o bem, que parece infinitamente abstrato, ao que há de mais concreto. O método é totalmente correto, e apenas falhava (em termos gregos, ele agia corretamente) ao conceber o lado exterior do bem (o útil, o teleológico finito). A diferença entre bem e mal se dá, decerto, para a liberdade, porém não *in abstracto.* Este mal-entendido surge por transformarmos a liberdade em algo de diferente: num objeto do pensamento. Mas a liberdade nunca se dá *in abstracto.* Quando se quer dar à liberdade um instante para escolher entre o bem e o mal, sem que ela mesma esteja empenhada em uma das partes, aí a liberdade, justamente neste instante, não é liberdade, mas uma reflexão sem sentido; e para que serve então o experimento, senão para confundir? Se (*sit venia verbo*) a liberdade permanece no bem, não sabe absolutamente nada do mal. Nesse sentido, podemos afirmar (e se quiserem entender mal, a culpa não é minha) que Deus nada sabe a respeito do mal. Com isto

não digo, de modo nenhum, que o mal é apenas o negativo, *das Aufzuhebende* "o que deve ser superado"; mas que Deus o desconheça, que nada possa nem queira saber dele, é o castigo absoluto para o mal. Nesse sentido, usa-se a proposição *ap?* "para longe de" no NT para indicar o afastamento para longe de Deus, e, se me atrevo a dizer, a ignorância de Deus no que tange ao mal [*Guds... Ignoreren af Onde*]. Quando se concebe Deus de modo finito, poderia ser cômodo para o mal se Deus quisesse desconhecê-lo, mas, já que Deus é o Infinito, o ignorar dele corresponde à sua viva destruição, pois o mal não pode prescindir de Deus nem mesmo para subsistir como o mal. Citarei uma passagem das Escrituras, 2Ts 1,9, onde se diz daqueles que desconhecem Deus e não obedecem ao Evangelho: οιτινες δικην τισουσιν ολεθρον αιωνιον, απο προσωπου του κυριου και απο της δοξης της ισχυος αυτου "Sofrerão como castigo uma perdição eterna, longe da face do Senhor e da glória do seu poder".

231. *Tankeløshed*

232. "razão preguiçosa traduz todos os termos" [N.T.].

233. *gestikulerer den anden Haand med Skuffelsen...* Em português, "gesticular" parece possuir um significado mais neutro e até amigável, não expressando a luta da última cena de *Don Giovanni* [N.T.].

234. Por respeito à forma desta investigação, só bem brevemente posso indicar cada um dos estados, quase algebricamente. Para uma descrição propriamente dita deles, não há lugar aqui.

235. *Tilkommelse*

236. *dybt*

237. *er sunket*

238. na carne e no sangue [N.T.].

239. Aqui se fala conforme o ponto de vista ético, porquanto, efetivamente, a Ética visa não o estado, porém como se torna o estado, no mesmo momento, um pecado novo.

240. *Ó tu, obra-prima arruinada da criação!* – Original de Shakespeare: *O thou ruined masterpiece of nature.* King Lear, IV, 6 [N.T.].

241. *staaer det Angrende i Synden*

242. *sinker*

243. Johann Gottlieb Fichte (1762-1814), pai do "jovem Fichte". Conforme comenta a edição dinamarquesa SKS K4, esta menção a Fichte é tirada de Martensen, *Grundrids til Moralphilosophiens System*, p. 45 [N.T.].

244. *synker sammen*

245. "a nota exata", ou o "ponto em questão": são traduções possíveis para a expressão de origem francesa *Pointe* [N.T.].

246. *Betydning*

247. *Meningen*

248. Quem não é tão desenvolvido eticamente para chegar a encontrar um consolo e alívio se alguém, mesmo quando ele sofre da maneira mais intensa, tivesse ainda a coragem de lhe dizer: não é o destino, é culpa – encontrar consolo e alívio quando se lhe dissesse isso com sinceridade e seriedade – não é, no sentido forte, eticamente desenvolvido, pois a individualidade ética nada teme tanto quanto destino e lero-lero estético, os quais, sob o manto da compaixão, querem lhe surrupiar o tesouro, ou seja, a liberdade.

249. "Com pozinhos e com pílulas" [N.T.].

250. por excelência [N.T.].

251. *indesluttet*

252. *det Negtende*: a rigor, equivale a "aquele (ou aquilo) que nega", o negador, ou fator de negação [N.T.].

253. *det Indesluttede*

254. *communicerende*

255. *Grillenfængerie*, mania, obcecação [N.T.].

256. Já se disse e de novo seja dito que o demoníaco tem uma abrangência totalmente diferente daquela que em geral se crê. No parágrafo anterior, suas formações foram insinuadas num outro sentido; segue-se agora a segunda série de formações e, tal como as expus, a distinção pode ser estabelecida. Se alguém achar uma melhor, que a prefira; mas não faria mal ser um pouco cuidadoso em tais assuntos, pois de outro modo tudo se mistura.

257. *han vil ikke rykke ud med Sproget*, pôr para fora na linguagem [N.T.].

258. Que tens a ver comigo? [N.T.].

259. *fordaerve han*

260. *ophøiede Indesluttethed*

261. Ser capaz de utilizar sua categoria é uma *conditio sine qua non* para que a observação no sentido mais profundo tenha significação. Quando o fenômeno ocorre num certo grau, a maior parte dos homens atenta para ele, porém não conseguem explicá-lo, porque lhes falta a categoria, e, se a tivessem, teriam, por sua vez, uma chave que lhes possibilitaria desvendar alguma pista do fenômeno; pois os fenômenos submetidos à categoria obedecem-lhe tal como os espíritos do anel obedecem ao anel.

262. Usei de propósito a palavra *revelação*, e aqui eu também poderia chamar o bem de *transparência*. Se precisasse temer que alguém entendesse mal o termo *revelação* e o desenvolvimento de sua relação com o demoníaco como se se tratasse o tempo todo de algo de exterior, uma confissão obviamente exterior, que contudo como exterior simplesmente de nada serviria – então eu teria talvez escolhido outro termo.

263. com grandeza [N.T.].

264. Vê-se facilmente que hermetismo significa *eo ipso*, mentira ou, se se preferir, a inverdade. Contudo, a inverdade é exatamente a não liberdade que se angustia diante da revelação. Por isso o diabo é chamado também de pai da mentira. Que haja uma grande diferença entre mentira e inverdade, entre mentira e mentira e entre inverdade e inverdade, isso eu sempre admiti, afinal, mas a categoria é a mesma.

265. "a tudo um sentido, porém não uma língua". – Note-se que o autor lia Shakespeare em tradução alemã [N.T.].

266. *Falden ud fra sig selv*: literalmente, "evadir-se de si mesmo" [N.T.].

267. *Einerlei*

268. *ophæver*

269. O autor de *Enten-Eller*, "*A Alternativa I*" chamou a atenção para o fato de que D. Juan é essencialmente musical. Exatamente no mesmo sentido vale dizer que Mefistófeles é essencialmente mímico. Com o mímico ocorreu o mesmo que com o musical: acreditou-se que tudo podia ser mímico, do mesmo modo como tudo podia ser musical. Existe um balé que se chama *Fausto*. Se o compositor realmente tivesse entendido o alcance da concepção de um Mefistófeles mímico, jamais lhe ocorreria transformar *Fausto* num balé.

270. *Udøethed: Ce qu'on pourrait appeler l'ennui mortel; was man Erstorbenheit nennen könnte; what might be called extinction; die Unsterblichkeit der Langweile...* Os tradutores hesitam sobre o que o autor quis dizer com aquela palavra que, cf. o Comentário de SKS, não é conhecida. Segundo esse Comentário, poderia provir de U+dødt ou também de Ud+ødt. Se proviesse de uddødt teria a ver com extinção. Mas pode ter a ver com o "não poder morrer" ou com "o que não se extingue" [N.T.].

271. *Spatium*

272. A interpretação do jovem Winsløv no papel de Klister em *Os inseparáveis* (*) era tão profunda porque ele concebeu corretamente o tédio enquanto comicidade. Que um envolvimento amoroso, que, quando verdadeiro, possui a substância da continuidade, se torne exatamente o contrário, um vazio infinito (não por Klister ser um homem mau, infiel, etc. – já que, ao contrário, está profundamente apaixonado – mas porque aqui também ele é um voluntário supranumerário, igual como na alfândega), eis o que produz um grande efeito cômico quando se coloca a ênfase justamente sobre o tédio. Da posição de Klister na alfândega, só de modo injusto se poderia extrair um efeito cômico, pois, meu Deus do céu, que culpa tem ele de não haver avanços na carreira? Mas no que toca ao seu namoro, ele era responsável por si mesmo.

(*) Vaudeville de Heiberg, de 1827, em que o nome do personagem tem sentido cômico (Klister – grude) [N.T.].

273. *Gehalten*

274. *denne Indesluttedhed*

275. "Rua Transversal". De resto, o tradutor E. Hirsch crê que o menino diz "professor" referindo-se ao "provedor", "fornecedor", ou "abastecedor" de verduras *(Provisor)* [N.T.].

276. Isso deve ser sustentado constantemente, a despeito da ilusão do demoníaco e daquela do uso da linguagem, que emprega expressões tais sobre esse estado, que a gente quase é tentado a esquecer que a não liberdade é um fenômeno da liberdade e que não se deixa explicar com categorias da natureza. Mesmo quando a não liberdade afirma, com as mais fortes de todas as expressões, que ela não quer a si mesma, isso não é verdade, e há sempre uma vontade nela que é mais forte do que o desejo. Este estado pode ser extremamente enganador, pode-se levar alguém ao desespero ao reafirmar e sustentar a categoria em sua pureza frente aos seus sofis-

mas. Não se deve ter medo disso, de jeito nenhum, mas tampouco ficar ensaiando com experimentos juvenis numa tal esfera.

277. Mc 5,7: Que tens a ver comigo?

278. *i Forhold til den i Ufriheden isœnkborede Frihed*

279. *Angestens Socialitet*

280. No NT aparece a denominação σοφία δαιμονιώδες "sabedoria demoníaca" (Tg 3,15). Assim como está descrita nesta passagem a categoria não fica nítida. Quando, ao contrário, toma-se em consideração a passagem 2,19, και τα δαιμόνια πιστεύουσι, και φρίσσουσι "também os demônios creem, e tremem", então se vê justamente no saber demoníaco a relação de não liberdade para com o saber dado.

281. *for den Enkelte*

282. *for lndividet*

283. Servilisme, Devotisme

284. De resto, o demoníaco pode ter nas esferas religiosas uma semelhança bastante enganadora com a dúvida religiosa. Jamais se pode decidir esta questão *in abstracto*. Assim, um cristão que crê com devoção pode ser presa da angústia, sentir angústia de ir à comunhão. Essa é uma dúvida religiosa, quer dizer, se ela é uma dúvida religiosa, isso se mostrará na relação dele com a angústia. Uma natureza demoníaca, ao contrário, pode ter chegado tão longe, sua consciência religiosa ter-se tornado tão concreta que a interioridade diante da qual ele se angustia e, em sua angústia, dela quer fugir, é a compreensão puramente pessoal da compreensão sacramental. Só até um certo ponto ele quer acompanhar, então rompe e só quer relacionar-se pelo saber, quer, de um modo ou outro, tornar-se mais do que uma individualidade empírica, historicamente determinada, finita. Aquele que se encontra numa dúvida religiosa quer por isso chegar àquele ponto do qual a dúvida quer mantê-lo afastado, ao passo que o demoníaco mesmo quer afastar-se, segundo sua vontade mais forte (a vontade da não liberdade), enquanto uma vontade mais fraca dentro dele quer aproximar-se. Isso se deveria fixar, pois de outro modo se avança e se pensa o demoníaco de maneira tão abstrata como isso jamais ocorreu, como se a vontade da não liberdade estivesse constituída como tal, e a vontade da liberdade não estivesse constantemente, por mais

fraca que fosse, presente na autocontradição. – Se alguém desejar material referente à dúvida religiosa, encontrará com abundância na mística de Görres. Confesso sinceramente que jamais tive coragem de ler esse livro direito, de ponta a ponta, tal é a angústia que habita nele. Mas pelo menos consigo ver que ele nem sempre soube diferenciar entre o demoníaco e a dúvida religiosa, e por isso o livro tem de ser usado com cuidado.

285. *Mechanisme*: ou seja, um comportamento repetitivo [N.T.].

286. Descartes, em seu tratado *De affectionibus* "*Sobre as paixões*", chamou a atenção para o fato de a cada paixão equivaler sempre outra, menos no tocante à admiração. A exposição é, em seus pormenores, bastante fraca, porém interessou-me notar que Descartes fez uma exceção para a admiração, exatamente porque esta, como se sabe e de acordo com as ideias de Platão e Aristóteles, é a paixão de que nasce toda a espécie de pensamento filosófico. Aliás, à admiração equivale a inveja, e a filosofia mais recente não deixaria de invocar igualmente a dúvida. Contudo, eis onde reside o erro essencial da filosofia recente, que quis principiar pelo negativo em vez de pelo positivo, o qual sempre é o primeiro, justamente no sentido em que se afirma *omnis affirmatio est negatio,* colocando-se primeiro a *affirmatio*. A questão de saber se o primeiro é o positivo ou o negativo é de grande importância e, a bem dizer, o único filósofo contemporâneo que se pronunciou pelo positivo foi Herbart.

287. "Desde agora, não há nada mais de sério na vida:
        Tudo é futilidade; mortas estão a glória e a graça.
        Verteu-se o vinho da vida."

288. É para mim uma alegria pressupor que meu leitor tenha lido sempre tanto quanto eu. Esta pressuposição poupa muita coisa tanto para quem lê quanto para quem escreve. Pressuponho, pois, que meu leitor conheça essa obra, e, se tal não for o caso, quero recomendar que tome conhecimento dela, visto que é realmente talentosa; e se o autor, que de resto se distingue por seu bom-senso e interesse humano pela vida dos homens, tivesse podido renunciar à superstição meio sentimental de um esquema vazio, teria evitado tornar-se de vez em quando ridículo. O que ele diz nos parágrafos, o desenvolvimento, mostra-se em geral muito bom, e a única coisa que, cá ou lá, não se entende é o esquema pomposo, e de que modo o desenvolvimento bem concreto pode corresponder-lhe. (Como exemplo, citarei as p. 209-211. *Das Selbst – und das*

Selbst. 1. Der Tod. 2 – Der Gegensatz von Herrschaft und Knechtschaft.)

289. "Alma, gênio ou caráter" em sentido específico da citação seguinte. No dicionário Der Grosse Duden, vol. 7, etimológico, consta: *Gemüt... ist eine Kollektivbildung zu den unter* Mut *behandelten Substantiv und bezeichnete zunächst die Gesamtheit der seelischen Empfindungen und Gedanken, dann auch den Sitz der inneren Empfindungen und Gedanken.* Haufniensis escreve, adaptando, "*Gemyt*" [N.T.].

290. "Que o sentimento se apresente na consciência de si e que, ao contrário o conteúdo de consciência de si seja sentido pelo sujeito como *aquilo que é o seu*. Apenas esta unidade pode ser designada por alma *(Gemüth)*. Pois, se falta a clareza do conhecimento, o saber sobre o sentimento, então só existe o impulso do espírito natural, a expansão da imediatidade. Mas se falta o sentimento, então só existe um conceito abstrato que não alcançou a interioridade última da existência espiritual, que não se tornou uma só coisa com o *si mesmo* (*Selbst*) do espírito."

291. "do meu agregado psíquico e de sua consciência".

292. Segundo o vol. 4 dos *Kommentarer* dos SKS, Rosenkranz não trata do hábito na pneumatologia, mas nem tampouco na fenomenologia, e sim na Antropologia. Isto, porém, não altera a posição de nosso autor, cuja tese é a de que o hábito (costume) deveria ser tratado também na doutrina do espírito (pneumatologia) [N.T.].

293. *Gjentagelsen*

294. *kommer tilbage*

295. Neste sentido é que Constantin Constantius (em *A repetição*) dizia que "a repetição é a seriedade da existência" (p. 6), e que, por outro lado, "a seriedade da vida não consiste em alguém ser mestre de equitação no palácio real, embora, cada vez que um desses monte a cavalo, o faça com toda a seriedade possível".

296. *Gemyt*

297. Se Deus quiser; Queira Deus; Oxalá [N.T.].

298. Cf. Marbach: *Gesch. der Ph.*, 2. parte, p. 302, nota: *Albertus repente ex asino factus philosophus et ex philosopho asinus* "S. Alberto, de repente, de burro passou a filósofo, e

de filósofo a burro". Cf. TENNEMANN, 8º vol., *2ª* parte, p. 485, nota. Há uma narrativa ainda mais exata a respeito de outro escolástico, Simão Tornacensis, que achava que Deus lhe devia ser grato porque ele tinha demonstrado a Santíssima Trindade; pois, se ele quisesse, então... *profecto si malignando et adversando vellem, fortioribus argumentis scirem illam infirmare et deprimendo improbare* "se por malícia e hostilidade eu o quisesse, certamente saberia, com argumentos mais fortes, enfraquecer aquilo e provar o contrário pondo tudo abaixo". Em recompensa por isso, o bom homem virou num tolo que teve de gastar dois anos para aprender a reconhecer as primeiras letras. Cf. TENNEMANN. *Gesch. d. Phil.* 8º vol., p. 314, nota. Seja como for que de fato o tenha afirmado ou que tenha dito aquilo que também atribuem a ele, isto é, a célebre blasfêmia medieval dos três grandes impostores, o que lhe faltava não era certamente uma seriedade esforçada na dialética ou na especulação; mas decerto faltava-lhe compreender a si próprio. Analogias a esta narrativa existem bastantes, e em nossos dias, a especulação assumiu uma tal autoridade que quase tem tentado deixar Deus inseguro no tocante a si mesmo, como um monarca que senta e espera com ansiedade a decisão das cortes dos três estados se farão dele um rei absoluto ou limitado.

299. Que avança sobre o lado oposto, que se alastra [N.T.].

300. Era indubitavelmente neste sentido que Constantin Constantius dizia que a eternidade é a verdadeira repetição.

301. Verteu-se (jogou-se fora) o vinho da vida [N.T.].

302. Haufniensis escreve *admittere,* à maneira latina, enfatizando o sentido de "deixar entrar" [N.T.].

303. Ao invés de quietude poderíamos traduzir por "tranquilidade", mas aí perderíamos a referência ao famoso motivo agostiniano: "Meu coração está inquieto até que possa descansar em Vós..." Talvez por causa de tais formulações é que J. Garff, em sua biografia, ressalta que não se compreende *O conceito de angústia* sem algumas referências autobiográficas daquele que inventou o pseudônimo Vigilius Haufniensis [N.T.].

304. *Forstandighed*

305. *Den Enkelte*

306. Citação modificada da frase de Poul M. Møller: *Kunsten er en Anticipation af det salige* (feliz, bem-aven-

turada) *Liv*, próxima à ideia de arte como *promesse de bonheur*. Para Kierkegaard, vida futura, feliz ou eterna podem ser sinônimos [N.T.].

307. engenhosidade, alemão no original [N.T.].

308. profundidade, alemão no original [N.T.].

309. entre uma coisa e outra [N.T.].

310. *det Forfærdelige*

311. *har lært det Høieste*

312. *forfærdelige*

313. *Lidelse*

314. *forfærdelige*

315. No original de 1844 constava *examinere ja exanimere*, um bom trocadilho para um autor que sabia muito latim. Como a 2ª edição, em vida do autor, alterou o segundo termo ("corrigindo-o"), e o próprio Kierkegaard não reclamou, todas as traduções a adotaram, até SKS perceber o engano, explicado no vol. K4, p. 525 [N.T.].

316. *det Forfærdelige*

317. *det Smilende*

318. *det Forfærdelige*

319. *den indre Vished, der tager Uendeligheden forud*; não se trata de nenhuma citação literal de Hegel [N.T.].

320. *Forfærdelser*

321. *Exercitier*: a expressão, diferente de *Øvelser*, parece insinuar os *Exercícios Espirituais* (inacianos?) [N.T.].

322. O autor se engana neste detalhe, do quadro dentro da gravura, pois aí se trata da despedida de Jean Calas, calvinista condenado à morte e que se despede dos seus [N.T.].

323. *Halmstraa*

324. *Forfærdende*

325. *Forfældelsesmiddel*

326. *forfærdeligere*

327. *Hexebrev*: gravuras cortadas e dobradas que, viradas de uma ou outra maneira, mostram diferentes composições de figuras humanas e de animais [N.T.].

328. *det Andet*

329. *Cærersin Skyldighed at kjende*: culpabilidade no sentido concreto de culpa, não no hipotético [N.T.].

330. *forfærdelig*

331. É portanto num significado mais elevado que Hamann toma a palavra hipocondria quando diz: *Diese Angst in der Welt ist aber der einzige Beweis unserer Heterogeneität. Denn fehlte uns nichts, so würden wir es nicht besser machen als die Heiden und Transsendental-Philosophen, die von Gott nichts wissen und in die liebe Natur sich wie die Narren vergaffen; kein Heimweh würde uns anwandeln. Diese impertinente Unruhe, diese heilige Hypocondrie ist vielleicht das Feuer, womit wir Opferthiere gesalzen und vor der Fäulniss des laufenden seculi bewahrt werden müssen* – "Esta angústia que há no mundo é, porém, a única prova de nossa heterogeneidade. Pois se não nos faltasse nada, não faríamos melhor do que os pagãos e filósofos transcendentais, que não sabem nada de Deus, e se agarram na amada natureza como os bobos; não teríamos nenhum acesso de saudade de casa. Esta inquietação impertinente, esta santa hipocondria constitui talvez o fogo com o qual nós, animais do sacrifício, temos de ser salgados e preservados da podridão do *século* corrente" (vol. 6., p. 194).

332. Cf. *Enten – Eller "A alternativa"*

333. Cf. *Convivium 'O banquete'* de Xenofonte, onde Sócrates emprega esta palavra a respeito de si mesmo. ["Produzido por si mesmo na filosofia"; "produzido por Deus", ou "elaborado por Deus" [N.T.]].

Vozes de Bolso

- *Assim falava Zaratustra* – Friedrich Nietzsche
- *O príncipe* – Nicolau Maquiavel
- *Confissões* – Santo Agostinho
- *Brasil: nunca mais* – Mitra Arquidiocesana de São Paulo
- *A arte da guerra* – Sun Tzu
- *O conceito de angústia* – Søren Aabye Kierkegaard
- *Manifesto do Partido Comunista* – Friedrich Engels e Karl Marx
- *Imitação de Cristo* – Tomás de Kempis
- *O homem à procura de si mesmo* – Rollo May
- *O existencialismo é um humanismo* – Jean-Paul Sartre
- *Além do bem e do mal* – Friedrich Nietzsche
- *O abolicionismo* – Joaquim Nabuco
- *Filoteia* – São Francisco de Sales
- *Jesus Cristo Libertador* – Leonardo Boff
- *A Cidade de Deus – Parte I* – Santo Agostinho
- *A Cidade de Deus – Parte II* – Santo Agostinho
- *O conceito de ironia constantemente referido a Sócrates* – Søren Aabye Kierkegaard
- *Tratado sobre a clemência* – Sêneca
- *O ente e a essência* – Santo Tomás de Aquino
- *Sobre a potencialidade da alma – De quantitate animae* – Santo Agostinho
- *Sobre a vida feliz* – Santo Agostinho
- *Contra os acadêmicos* – Santo Agostinho
- *A Cidade do Sol* – Tommaso Campanella
- *Crepúsculo dos ídolos ou Como se filosofa com o martelo* – Friedrich Nietzsche
- *A essência da filosofia* – Wilhelm Dilthey
- *Elogio da loucura* – Erasmo de Roterdã
- *Utopia* – Thomas Morus
- *Do contrato social* – Jean-Jacques Rousseau
- *Discurso sobre a economia política* – Jean-Jacques Rousseau
- *Vontade de potência* – Friedrich Nietzsche
- *A genealogia da moral* – Friedrich Nietzsche
- *O banquete* – Platão
- *Os pensadores originários* – Anaximandro, Parmênides, Heráclito
- *A arte de ter razão* – Arthur Schopenhauer
- *Discurso sobre o método* – René Descartes
- *Que é isto – A filosofia?* – Martin Heidegger
- *Identidade e diferença* – Martin Heidegger
- *Sobre a mentira* – Santo Agostinho
- *Da arte da guerra* – Nicolau Maquiavel
- *Os direitos do homem* – Thomas Paine
- *Sobre a liberdade* – John Stuart Mill
- *Defensor menor* – Marsílio de Pádua
- *Tratado sobre o regime e o governo da cidade de Florença* – J. Savonarola
- *Primeiros princípios metafísicos da Doutrina do Direito* – Immanuel Kant
- *Carta sobre a tolerância* – John Locke
- *A desobediência civil* – Henry David Thoureau
- *A ideologia alemã* – Karl Marx e Friedrich Engels
- *O conspirador* – Nicolau Maquiavel
- *Discurso de metafísica* – Gottfried Wilhelm Leibniz
- *Segundo tratado sobre o governo civil e outros escritos* – John Locke
- *Miséria da filosofia* – Karl Marx
- *Escritos seletos* – Martinho Lutero
- *Escritos seletos* – João Calvino
- *Que é a literatura?* – Jean-Paul Sartre
- *Dos delitos e das penas* – Cesare Beccaria
- *O anticristo* – Friedrich Nietzsche
- *À paz perpétua* – Immanuel Kant
- *A ética protestante e o espírito do capitalismo* – Max Weber
- *Apologia de Sócrates* – Platão
- *Da república* – Cícero
- *O socialismo humanista* – Che Guevara
- *Da alma* – Aristóteles
- *Heróis e maravilhas* – Jacques Le Goff